Blutiges Afrika

Fremdenlegionäre im Deutschen Afrika Korps

Wolfgang Wallenda

Blutiges Afrika

Fremdenlegionäre im Deutschen Afrika Korps

1941/42 – das mit 2000 ehemaligen deutschen Fremdenlegionären aufgestellte Infanterie-Regiment 361 bewährt sich in Afrika

Impressum:

©2014 Wolfgang Wallenda

Umschlaggestaltung, Herstellung und Verlag:
Books on Demand

Titelbild:

Foto: *Bundesarchiv: Signatur: Bild 101I-443-1599-20, Fotograf: Zwilling, Ernst, A.*
Archivtitel: Nordafrika, bei Bir Hacheim.- Feuerndes 8,8 cm Flakgeschütz. Im
Hintergrund Generaloberst Rommels Schützenpanzer Sd.Kfz. 250 "Greif";
KBK Lw.7, Datiert: Juni 1942

ISBN: 978-3-7357-7081-3

„Wenn alle Menschen nur aus Überzeugung
in den Krieg zögen, dann würde es keinen
Krieg geben."

Leo N. Tolstoi

„Die Schriftsteller können nicht so schnell
schreiben, wie die Regierungen Kriege
machen; denn das Schreiben verlangt
Denkarbeit."

Bertold Brecht

Vorwort

Nach dem Ende des Frankreichfeldzuges im Juni 1940 dienten immer noch mehrere tausend Deutsche in der französischen Fremdenlegion. Viele von ihnen wollten aus Patriotismus die Legion verlassen und in die Wehrmacht eintreten. Obwohl sie ihren Eid auf die Fahne der Legion und nicht auf Frankreich abgelegt hatten, galten sie dessen ungeachtet aus Sicht des deutschen Reichs als wehrunwürdig. Erst nach eingehender Prüfung wurden einige wenige Legionäre für integrationsfähig befunden.

Als jedoch der italienische Waffenbruder Deutschlands in Nordafrika in Bedrängnis geriet, erinnerte man sich an die positive Beurteilung der ersten freiwillig repatriierten Legionäre.

Im Frühjahr 1941 forderte Deutschland nun alle in Frage kommenden deutschstämmigen Fremdenlegionäre vom Vichy-Regime zurück, um sie in einem eigens aufgestellten deutschen Kolonialverband zu verwenden. Rund 2000 Ex-Legionäre wurden im Sommer 1941 ins neue *verstärkte Afrika-Regiment 361* einberufen.

Ähnlich den *Bewährungseinheiten 500* oder *999* sollte das *Regiment 361* an gefährlichen Brennpunkten eingesetzt werden. In den Augen der Wehrmachtsführung konnten sich die ehemaligen Legionäre im *Afrika-Regiment* bewähren und den Makel des Dienstes unter französischer Flagge loswerden.

Auf dem afrikanischen Kriegsschauplatz zeigten die betroffenen Soldaten wer und was sie waren, nämlich bestens ausgebildete Wüstenkrieger, die sich schnell bei Freund und Feind höchsten Respekt verschafften.

Daten

Im Juni 1941 wurde vornehmlich aus rund 2000 ehemaligen deutschen Legionären der französischen Fremdenlegion das *Regiment 361 (verstärktes Afrika-Regiment)* aufgestellt. Die Männer galten bis dahin als wehrunwürdig, da sie unter französischer Flagge gedient hatten. Das Regiment war zwar kein Strafbataillon, jedoch konnte man es irgendwo zwischen der regulären Truppe und einer klassischen Bewährungseinheit einordnen.

Aufstellungsorte:

- Wehrkreis XII – Truppenübungsplatz Baumholder: *Regimentsstab und I. Bataillon*
- Wehrkreis VI – Rheine: *II. Bataillon*

Da man ein sog. „verstärktes" Regiment bildete, erhielt die neue Truppe zusätzlich eine Artillerie-Abteilung mit drei Batterien, sowie eine Flak-Kompanie (hervorgegangen aus dem *Flak-Bataillon 613*).

Das *Regiment 361* wurde zweckbestimmt nach Afrika verlegt und dort der *90. leichten Afrika Division* unterstellt. Entsprechend wurde das „Regiment der Fremdenlegionäre" im April 1942 in *leichtes Infanterie-Regiment 361* umbenannt.

Zur Stärkung der Kampfkraft erweiterte man das Regiment Ende Juni 1942 durch eine schwere Infanterie-Geschütz-Kompanie.

Weitere Umbenennungen folgten im Juli 1942 in *Schützen-Regiment 361* und schließlich *Panzer-Grenadier-Regiment 361*.

Erster Regimentskommandeur war der Ritterkreuzträger *Oberstleutnant Hans-Levin von Barby* (gefallen Mai 1942). Sein Nachfolger wurde der Ritterkreuzträger des Deutschen Afrika Korps *Oberstleutnant Albert Panzenhagen*.

Das *IR 361* war in Afrika ausnahmslos der *90. leichten Afrika Division* unterstellt.

Foto: Privatarchiv des Autors, PA-DAK-0076-marschierende Soldaten DAK

Am 12. Mai 1943 setzte der General der Panzertruppe Hans Cramer einen letzten Funkspruch nach Berlin ab: „...*Munition verschossen, Waffen und Kriegsgerät zerstört. Das Deutsche Afrika-Korps hat sich befehlsgemäß bis zur Kampfunfähigkeit geschlagen. Heia Safari!"*

Einen Tag später kapitulierte auch der letzte (italienische) Großverband.

Mit der Kapitulation des Deutschen Afrika Korps wurde auch das *Regiment 361* vernichtet.

Das Deutsche Afrika Korps existierte nicht mehr. 40.000 Soldaten waren gefallen oder schwer verwundet, rund 275.000 Soldaten (bei etwa 50 % hiervon handelte es sich um italienische Streitkräfte) gingen in Kriegsgefangenschaft.

Die Niederlage war für das Nazi-Regime ähnlich schwer zu verkraften, wie der Verlust der *6. Armee* in Stalingrad.

Die Wiederaufstellung des *IR 361* erfolgte im Juli 1943 auf Korsika. Das neue *Panzer-Grenadier-Regiment 361* wurde aus dem Stamm des *Sturm-Regiments 853*, sowie mit Resten des vernichteten *Regiments 361* und anderen Veteranen des Deutschen Afrika Korps (z.B. Soldaten, die durch Urlaub, Verwundung/Krankheit etc. dem Todeskessel Afrika entgangen waren) auf Korsika neu aufgestellt und sofort der auf Sardinien ebenfalls neu gebildeten *90. Panzer-Grenadier-Division* unterstellt.

Es folgten härteste Kämpfe in Italien (u.a. bei Monte Cassino). Zu diesem Zeitpunkt sprach niemand mehr von Bewährung. Die ehemaligen Fremdenlegionäre waren längst rehabilitiert.

Einsätze des IR 361:

Nordafrika

analog den Einsätzen der *90. leichten Afrika Division*, u.a.

- Unternehmen Theseus (Schlacht von Gazala / Bir Hakeim)
- Kampf um Tobruk
- Erste Schlacht um El Alamein
- Schlacht um Alam Halfa
- Zweite Schlacht um El Alamein
- Rückzugskämpfe
- Tunesienfeldzug – Schlacht am Kasserine-Pass
- Verteidigung der Mareth-Linie
- Verteidigung des Tunis-Brückenkopfes (Enfidaville)

Italien

analog den Einsätzen der *90. Panzer-Grenadier-Division*

- Ortano
- Monte Cassino
- Rom
- Florenz
- Rimini
- Bologna
- Kapitulation Ende April 1945 (Raum Gardasee/Südtirol)

Kriegsverbrechen:

Klassische Kriegsverbrechen, bzw. eine direkte Beteiligung von Angehörigen des *Infanterie-Regiments 361* sind dem Autor nicht bekannt.

Der Krieg auf dem afrikanischen Kontinent gilt – auch 70 Jahre nach dessen Beendigung – noch weitgehend als „ritterlich" und „sauber". Betrachtet man diese von allen Beteiligten *(also von Veteranen des Deutschen Afrika Korps, sowie von den Alliierten Soldtaten)* getroffene Behauptung und vergleicht sie mit dem Kriegsschauplatz in der Sowjetunion, muss man fast zustimmend nicken.

Es gab kaum Partisanenbewegungen und daher auch keine Repressalien, wie z.b. Geiselerschießungen. Die Bevölkerung auf dem afrikanischen Kriegsschauplatz war zudem nicht der Politik der „verbrannten Erde" ausgesetzt.

Dennoch darf man nicht die Tatsache vergessen, dass in Nordafrika Krieg herrschte. Männer zogen aus um sich gegenseitig zu töten. Zivilisten, gerade in den stark umkämpften Gebieten, litten definitiv Not.

Worte eines Veteranen (damals *164. Infanterie Division*): *„Das Schlimmste was ich im Krieg je erlebte, waren die nächtlichen Spähtrupps in Afrika. Wir hatten nahezu jedes Mal Feindkontakt und es gab jedes Mal Nahkampf. Man musste den Gegner mit dem Bajonett, dem Spaten oder mit den bloßen Händen außer Gefecht setzen....Die Bilder verfolgen mich noch heute!"*

aber auch:

„... und am Weihnachtsabend saßen wir mit dem Tommy (britische Soldaten) zusammen und sangen Lieder. Eines davon hieß "...it's a long way to Tipperary". Nach der Waffenruhe schossen wir wieder aufeinander oder schlugen uns im Nahkampf die Schädel ein. Das war glatter Irrsinn!"

Judenverfolgung

Die Judenverfolgung fand auch in den besetzten Gebieten Nordafrikas statt.

Im Juli 1942 wurde von der SS ein Einsatzkommando zusammengestellt. Leiter war der *SS-Obersturmbannführer Hermann Julius Walther Rauff, auch Walter Rauff,* geb.19. Juni 1906, verstorben am 14. Mai 1984 in Santiago de Chile.

Das *Einsatzkommando Nordafrika* war sukzessive von ursprünglich 24 auf 100 Mann aufgestockt worden und kam nach mehreren Anläufen schließlich im November 1942 in Tunesien zum Einsatz.
In den von Deutschland besetzen Gebieten galt das menschenunwürdige Rassengesetz. Die jüdische Bevölkerung Tunesiens wurde zu Zwangsarbeiten (vornehmlich Ausbau der Frontlinie) gezwungen und musste sich mit gelben Sternen kennzeichnen. Zwangsarbeiter wurden in Arbeitslagern interniert. Etwa 600 Juden überlebten die Strapazen in diesen Arbeitslagern nicht.

Das jüdische Vermögen stellte man sicher.

11

Lediglich der Kriegsverlauf, der schließlich mit dem Sieg der Alliierten in Nordafrika endete, bewahrte tausende von jüdischen Nordafrikanern vor dem systematischen Massenmord.

Den an der Front eingesetzten Soldaten – von dem Nazi-Regime seit Jahren „gleichgeschalten" und mit falschem Idealismus gefüttert – mag das verbrecherische Handeln im Hinterland der Kampfzonen, bzw. das eigentliche Ziel des *Einsatzkommandos Nordafrika*, möglicherweise verborgen geblieben sein. Die Wehrmachtsführung war jedoch involviert.

Rauff gab seinerzeit zu Protokoll, dass es ein Treffen zwischen ihm und Generalfeldmarschall Rommels Stabschef, Oberstleutnant Siegfried Westphal, gab.

Rauff, der in viele weitere Kriegsverbrechen verwickelt war (u. a. Einsatz von Gaswagen zur Ermordung von Juden), flüchtete 1949 auf der sog. Rattenlinie nach Südamerika. Dort lebte der Nazi-Kriegsverbrecher anfangs in Ecuador und fand schließlich 1958 in Chile eine neue Heimat. Er war u.a. als Agent für den BND tätig, brachte es als Fischfabrikant zu Wohlstand und wurde trotz mehrerer Auslieferungsersuche nie ausgeliefert.

Légion étrangère – Fremdenlegion

Die französische Fremdenlegion *(Légion étrangère)* wurde am 10. März 1831 durch einen Erlass des französischen Königs Louis-Philippe I. gegründet und durfte nur außerhalb des kontinentalen Königreiches eingesetzt werden. Die Truppe fand in den französischen Kolonialgebieten ihre anfängliche Verwendung. Sie wird seit jeher überall dort eingesetzt, wo französische Interessen zu vertreten sind.

Im algerischen Nordafrika gründeten Franzosen im Jahr 1843 aus einem Militärposten nächst einem kleinen Dorf namens Sidi-Bel-Abbès, die gleichnamige Stadt, welche für mehr als ein Jahrhundert der Hauptsitz der Fremdenlegion wurde.

Die Fremdenlegion betrachtet sich heute wie damals als eine große Familie. Hierzu zählen nicht nur die aktiven Legionäre, sondern auch die ehemaligen Kameraden. Die Kameradschaft der aus mehr als 130 Ländern der Erde stammenden und unterschiedlichsten Religionen angehörenden Legionäre ist beispielhaft.

Frankreich unterhält sogar spezielle Alten-, bzw. Invalidenheime, welche ausschließlich für ehemalige Fremdenlegionäre zugänglich sind (z.B. das 1953 im südfranzösischen Puyloubier gegründete *Institution des Invalides de la Légion Étrangère*).

Das Offizierskorps der Legion besteht grundsätzlich aus Franzosen (Ausnahmen gab es bis zum Zweiten Weltkrieg). Die Fremdenlegionäre sind im Sinne des Völkerrechts reguläre Soldaten der französischen Armee.

Das Motto der Legionäre lautet: „Legio Patria Nostra" (*Die Legion ist unser Vaterland*) und „Honneur et Fidélité" (*Ehre und Treue*)

Mit der unter dem Verpflichtungsvertrag (mind. 5 Jahre – kann jedoch verlängert werden) geleisteten Unterschrift war die Treue des Legionärs zur Fremdenlegion eine absolute Ehrensache.

Der Ehrenkodex der Legionäre umfasst 7-Punkte:

1. Legionär, du bist ein Freiwilliger, der Frankreich mit Ehre und Treue dient.

2. Jeder Legionär ist dein Waffenbruder, gleich welcher Nationalität, Rasse oder Religion. Du bezeugst ihm jederzeit engste Verbundenheit, so als wäre er dein leiblicher Bruder.

3. Du respektierst deine Traditionen und bist deinen Vorgesetzten treu ergeben. Disziplin und Kameradschaft sind deine Stärke, Mut und Treue deine Tugenden.

4. Deinen Status als Fremdenlegionär zeigst du durch tadelloses, immer elegantes Äußeres, dein Benehmen ist würdevoll und zurückhaltend. Deine Kaserne und deine Unterkunft sind immer sauber.

5. Als Elitesoldat trainierst du unerbittlich, du behandelst deine Waffe, als wäre sie dein höchstes persönliches Gut, du bist ständig bestrebt, deine körperliche Verfassung zu verbessern.

6. Der erteilte Befehl ist heilig, du führst ihn, unter Respektierung der Gesetze und international geltender Konventionen, bis zu seiner Erfüllung aus - sollte es nötig sein, unter Einsatz deines Lebens.

7. Im Kampf agierst du umsichtig und mit kühlem Kopf sowie ohne Hass, du achtest deine besiegten Feinde. Deine gefallenen und verwundeten Kameraden, sowie deine Waffen lässt du niemals zurück.

wichtigster Gedenktag der Fremdenlegion:

30. April

Dieser Gedenktag geht zurück auf den *30. April 1863*. An diesem Tag standen bei der Haçienda von *Camerone,* unter dem Kommando von *Capitaine Danjou* und zwei weiteren Offizieren, 62 Legionäre gegen 2000 Mexikaner und hielten die Stellung über den ganzen Tag. Am Abend verteidigten sich die letzten 5 Überlebenden dieser heldenhaften Schlacht mangels Munition lediglich mit aufgepflanztem Bajonetten und blanken Fäusten gegen die mexikanische Übermacht.
Die letzten drei Legionäre ergaben sich nur unter der Bedingung, dass sie ihre Waffen behalten dürfen und man die verwundeten Legionäre versorgt.

Die *Schlacht von Camerone* ist auch heute noch ein Mythos für die Fremdenlegion, verkörpert durch die *hölzerne Handprothese von Capitaine Danjou,* die von der Legion aufbewahrt und wie eine Reliquie verehrt wird. Dieses Symbol steht für Treue zur Legion und Widerstand gegen den Feind bis zum letzten Mann.

1945 – ehemalige Wehrmachtssoldaten und Angehörige der Waffen-SS im Dienste der Legion

Bereits Anfang 1945 gestattete die französische Regierung unter den Kriegsgefangenen neue Legionäre anzuwerben. Der Grund lag klar auf der Hand. Man bekam bestens ausgebildete und kriegserfahrene Soldaten, die ohne viele Umschweife für französische Interessen eingesetzt werden konnten.

Nach dem Ende des Zweiten Weltkriegs stand den Werbern mit weit mehr als 850.000 Kriegsgefangenen ein riesiges Potenzial zur Verfügung.

In den französischen Lagern nutzen etliche Kriegsgefangene die Möglichkeit, durch die Fremdenlegion dem kargen Lagerleben und einer ungewissen Zukunft zu entkommen. Unter diesen Freiwilligen befanden sich auch Angehörige der Waffen-SS. Diese befürchteten zum Teil Strafen für ihre während der Nazi-Herrschaft begangenen Verbrechen und hofften durch die Fremdenlegion eine neue Identität (sog. Anonymat) zu bekommen.

Zwar waren deutsche SS-Angehörige in der Legion unerwünscht und wurden offiziell nicht angeworben, dennoch gelang es einer ungewissen Anzahl sich rekrutieren zu lassen (z.B. wurde die eintätowierte Blutgruppe entfernt – entsprechende Narben „übersahen" die Prüfer).

Aber auch Franzosen, die in der Waffen-SS (z.B. *33. Waffen-Grenadier-Division der SS "Charlemagne"*) gedient hatten, erhielten durch eine freiwillige Meldung zur Fremdenlegion die Möglichkeit, sich zu rehabilitieren.

Die korrekten Zahlen dieser Freiwilligen sind nur schwer recherchierbar. Während deutsche Medien diese in den ersten Nachkriegsjahren in utopische Höhen von rund 30.000 bis 50.000 Männern schnellen ließen, sprachen die Franzosen von rund 3.000 angeworbenen Deutschen. Die Wahrheit wird wohl irgendwo dazwischen zu finden sein.

Der Asienkenner, Journalist, Publizist und ehemalige Angehörige der französischen Fallschirmjägereinheit *Commando Ponchardier*, einer

15

Kolonialeinheit der französischen Streitkräfte, Peter Scholl-Latour, schrieb in seinem Buch: *Der Tod im Reisfeld - Dreißig Jahre Krieg in Indochina, Heyne Sachbuch, Nr. 19/44, 8. Auflage, 4. Auflage dieser Ausgabe, 1992, Wilhelm Heyne Verlag München, ISBN: 3-453-03398-1*:

Seite 30

- dass sich an Bord der *Andus* zwei Kompanien Fremdenlegionäre befanden, die zu zwei Dritteln aus Deutschen bestanden, wovon die meisten aus französischer Kriegsgefangenschaft stammten und einige bei der SS gedient hatten. Letztere wollten dem Entnazifizierungsverfahren in der Heimat entgehen.

Seite 31

- dass sich unter den Legionären als Belgier getarnte französische Kollaborateure befanden, die im Krieg auf deutscher Seite in der *Legion gegen den Bolschewismus* und später in der *SS-Brigade Karl der Große* gedient hatten. Ihnen wurde zugesagt, nach fünf Jahren Dienst in der Fremdenlegion in Indochina, mit weißer Weste in die Heimat zurückkehren zu können.

Seite 89

- dass die Überlebenden von Dien Bien Phu erzählten, dass die französischen Fallschirmjäger und die Fremdenlegionäre als einzige wirklich bis zum letzten Erdloch und bis aufs Messer gekämpft hatten und die Fremdenlegionäre, die zu achtzig Prozent Deutsche waren, zum Sterben angetreten waren, wie in einer mythischen Gotenschlacht.

Hinweis:

In Deutschland ist eine Anwerbung für die Fremdenlegion strafbar (siehe *§ 109h Strafgesetzbuch - Anwerben für fremden Wehrdienst*), zudem kann unter gewissen Umständen die deutsche Staatsbürgerschaft verloren werden *(siehe § 28 Staatsangehörigkeitsgesetz)*.

Roman

Dieser Roman spiegelt die Ereignisse wider, die Angehörige des *Infanterie-Regiments 361* während ihres Einsatzes in Afrika erlebten.

Bis auf historische Persönlichkeiten, sind alle Personen/Namen frei erfunden. Jegliche Ähnlichkeiten mit realen Personen wären rein zufällig.

Blutiges Afrika

Fremdenlegionäre im Deutschen Afrika Korps

Im Norden Afrikas hatte die Regenzeit begonnen. Es goss in Strömen. Gefreiter Harald Simmer hockte in seinem Schützenloch und lauschte dem monotonen Geräusch des unaufhörlich vom Himmel prasselnden Wassers. Der ehemalige Fremdenlegionär hatte seine Zeltplane über die Erdmulde gelegt, hinten mit Steinen beschwert und vorn mit zwei Holzstöcken hochgespannt. Noch hielt die einfache Konstruktion das meiste Regenwasser ab, doch der Stoff war bereits triefend nass und so war es wohl nur eine Frage der Zeit, bis das Wasser zu dem Soldaten durchdrang. Simmer war zwar zuversichtlich bis zum Zeitpunkt der Ablösung relativ trocken zu bleiben, trotzdem strich er in immer kürzer werdenden Abständen mit den Fingern über die Innenseite seiner Zeltbahn.

Lange macht's das Ding nicht mehr, schoss ihm durch den Kopf. Er widmete sich wieder seiner Aufgabe. Beim Tommy rührte sich noch immer nichts. Alles war ruhig.

Die Briten hassen den Regen genauso wie wir, dachte sich der Gefreite des *verstärkten Afrika-Regiments 361* und suchte vergeblich mit dem Fernglas die Front nach britischen Spähtrupps ab. Die Dunkelheit und der Regen schränkten das Sichtfeld so stark ein, dass es unmöglich war etwas anders zu sehen, als das tiefe Schwarz der Regennacht. Simmer spürte ein Kribbeln im linken Bein.

Schon wieder eingeschlafen, fluchte er innerlich und streckte sich im kleinen Schützenloch so gut es ging aus. Er hob und senkte ein paarmal das Bein. Winkelte es an und streckte es aus. Die Blutzirkulation kam langsam in Schwung, das kribbelnde Gefühl, als würden Hunderte Ameisen über den Fuß laufen, verschwand allmählich. Es war kalt und unangenehm. Diesmal zog sich die Nachtwache. Je öfter Simmer auf seine Armbanduhr sah, desto langsamer verging die Zeit. Der Soldat des Deutschen Afrika-Korps kam ins Grübeln. Er überlegte, was an Afrika schön war.

In der Regenzeit wird man fast weggeschwemmt, nachts friert man und tagsüber sitzt man in einem Glutofen.

Sämtliche Gedanken kreisten um seine bisherigen Erlebnisse und Eindrücke. Gerade in dem Moment, als er den fremden Kontinent verfluchen wollte, fiel ihm ein, welchen Spaß sie am Badestrand bei Bengasi hatten. Ein Lächeln huschte über das braungebrannte, unrasierte Gesicht.

Als Simmer und seine Kameraden vor sechs Wochen hier ankamen, hatten sie drei wunderschöne Tage erlebt. Ihr Zeltlager befand sich unweit des Strandes und ihre Offiziere gönnten der Truppe etwas Erholung, bevor das Bataillon im November 1941 in die Stellungen vor der vom Feind zur Festung ausgebauten Hafenstadt Tobruk verlegt wurde. Hier sicherten sie südöstlich der belagerten Küstenstadt, im Raum von Sidi-Rezegh, die Zugangsstraßen des landwärts eingekesselten und nur vom Meer aus erreichbaren alliierten Stützpunkt ab.

Afrika! Das ist wohl mein Schicksalskontinent, sinnierte Simmer. *Wie wäre wohl mein Leben verlaufen, wenn ich damals nicht in diese Schlägerei geraten wäre?*

Zuviel Bier auf der Kirmes, ein paar hübsche Mädchen und ein Tanz nach dem anderen. Dann kamen die angetrunkenen Burschen. Es begann mit Pöbeleien und endete in einer deftigen Schlägerei. Im Gedanken ballte Simmer wieder die Fäuste, so hautnah vollzog sich die Erinnerung. Es schien, als wäre es erst gestern gewesen, dabei lag der Vorfall schon fast vier Jahre zurück.

Die Ausnüchterung im Gefängnis der Polizeiwache werde ich nie vergessen, schoss es dem Ex-Legionär durch den Kopf. *Was hatte der Reviervorsteher damals gesagt? „Du bist doch der Sohn vom Paule! Dich kriegen wir auch noch klein, genauso wie deinen Vater. Du wirst uns schon noch kennenlernen! Wer meinen Neffen krankenhausreif prügelt, wird früher oder später im Zuchthaus landen!"*

Die ausgestoßenen Drohungen waren deutlich. Dabei war *er* das eigentliche Opfer. *Er* war es, der angegriffen wurde. Die anderen waren zu zweit und *er* hatte sich nur gewehrt.

Simmer ballte die Fäuste noch fester zusammen. An den Knöcheln färbte sich die Haut weiß. Wenn dieser unsympathische Polizist nicht gewesen wäre, hätte er sich bestimmt nicht heimlich davongeschlichen. Er konnte seiner Mutter nicht mehr unter die Augen treten, nachdem auch er mit dem Gesetz in Konflikt geraten war. Zu tief saß die Schmach. Er wollte nicht so enden wie sein Vater; wollte kein Zuchthäusler werden. Seine Mutter hatte schon genug gelitten.

Als Harald Simmer am nächsten Morgen frei gelassen wurde, lief der junge Mann los. In der Heimat hielt ihn nichts mehr. Sein Ruf war dahin und seine Zukunftsaussichten alles andere als rosig. Es gab für ihn nur ein Ziel. Das Anwerbebüro der französischen Fremdenlegion. Simmer war jung, hatte ein riesiges, aus seiner Sicht unlösbares Problem und suchte neben einem Ausweg zudem das Abenteuer. Die Legion versprach ihm beides. Eines Tages würde er zurückkehren, soviel stand damals schon fest.

Mit ein paar Streifen auf der Uniform und einem Mädel im Arm, werde ich vor der Polizeiwache auf- und abgehen. Sie werden vor Neid erblassen und keiner würde es wagen einen Fremdenlegionär anzugreifen!

Das war sein Traum.

Die Legion nahm ihn auf. Über Marseille ging es per Schiff weiter nach Algerien. Er kam nach Sidi-Bel-Abbés, dem Hauptsitz der Fremdenlegion in Afrika. Als *Blauer,* wie in der Fremdenlegion die Rekruten genannt wurden, merkte Simmer schnell, was unter Gehorsam, Disziplin und Drill verstanden wurde, lernte aber auch

Kameradschaft kennen. Die Ausbildung war hart und formte ihn zum Mann, zum Soldaten, zum Legionär. Nach der Grundausbildung trug er mit Stolz das *weiße Käppi*. Er hatte es geschafft. Endlich war er jemand. Er trug die begehrte Uniform. Er war Legionär.

Legio Patria Nostra, hieß der Leitspruch der Elitesoldaten. *Die Legion ist unser Vaterland.*

Geräusche rissen den Gefreiten aus seinen Gedanken. Instinktiv griff er zum K 98 und legte an.

„Donnerwolke", wurde ihm zugerufen.

Simmer wartete sicherheitshalber bis das Kennwort des eigenen Spähtrupps ein zweites Mal an sein Ohr drang.

„Alles klar!", antwortete er.

Aus der Dunkelheit tauchten seine Kameraden auf. Durchnässt bis auf die Haut gingen sie wortlos an ihm vorbei. Simmer zählte mit. Es waren alle. Keiner fehlte, keiner war verwundet. Er hatte Recht behalten. In dieser Nacht würde der Tommy niemanden auf Erkundung in die Wüste schicken.

Abermals folgte ein Blick auf die Armbanduhr. In einer Stunde würde es zunehmend hell werden. Kurz davor müsste die Ablösung kommen. Der Wachwechsel wurde im Dunkeln vollzogen, da die unbeliebten Vorposten im Sichtbereich der britischen Scharfschützen lagen. Der Soldat des *Regiments 361* hoffte auf Pünktlichkeit, denn eine andere Kompanie übernahm die Stellungen. Seine eigene wurde herausgelöst. Ein Tag Pause, dann waren sie mit den nächtlichen Spähtrupps an der Reihe. Niemand hatte das gesagt, aber Simmer wusste, dass es so kommen würde. Er hatte ein Gespür dafür. Wenig später nahm er den anfänglichen Gedanken wieder auf.

„Bewähren!", zischte er vor sich hin und schüttelte dabei den Kopf. *Warum?* Der Soldat verstand nicht, dass er und seine Legionärskameraden sich noch bewähren mussten. *Sie* waren es doch, die der Legion den Rücken kehrten, um aus Patriotismus für ihr Vaterland zu kämpfen. Es leuchtete dem Gefreiten zwar ein, dass er bei Ausbruch des Krieges in einer französischen Uniform steckte, doch es war nicht die reguläre französische Armee, in der er diente, er diente ausschließlich der Fremdenlegion. Er hatte niemals auf Frankreich einen Fahneneid geschworen.

Legionäre schwören immer auf die Fremdenlegion, niemals auf das Land zu dem sie gehört.

Zudem waren weder er, noch die anderen deutschen Legionäre, jemals gegen deutsche Truppen eingesetzt worden. Sie waren alle fernab der alten Heimat in Afrika stationiert. Simmer fiel wieder ein, wie er und die meisten anderen Deutschen jubelten, als das Reich nach ihnen rief. Sie bekamen ihre Chance und viele nutzten diesen Moment.

In kleinen Gruppen zu maximal einhundert Mann wurden sie nach und nach über Chalon-sur-Sanone von der Legion an die deutschen Behörden übergeben.

Anfangs hatte Harald Simmer noch Bedenken.

Würde bei der Personenüberprüfung sein alter Fall nochmals erscheinen oder gar eine Strafe wegen der Schlägerei ausstehen? Müsste er womöglich ins Gefängnis?

Die Angst war unbegründet. Nichts dergleichen passierte. Im Gegenteil. Nach der ärztlichen Untersuchung gehörte er zu den Auserkorenen, die nach Baumholder fuhren und dort in das eigens für die Fremdenlegionäre aufgestellte verstärkte *Afrika-Regiment 361* einberufen wurde.

Obwohl ihre Truppe keine Bewährungseinheit im eigentlichen Sinn war, galten die Legionäre nur als bedingt wehrwürdig. Die Männer wurden kritisch beurteilt und ihr Einsatz war ausschließlich für Nordafrika geplant.

Über die Ausbildung in der Wehrmacht musste der jetzige Gefreite nur Schmunzeln. Die Legionäre waren Härteres gewohnt. Dennoch lernten alle dazu, denn die gelehrte Kampftaktik und die eindringliche Arbeit mit den deutschen Infanteriewaffen waren neu. In Baumholder hatte er gelernt, einen Karabiner und ein Maschinengewehr mit verbundenen Augen zu zerlegen und wieder zusammen zu setzen. Er war eins mit der Waffe geworden. Sie war ihm vertrauter als es zuvor sein Gewehr in der Legion war.

Im Oktober 1941 steckten sie endlich in den Tropenuniformen des Deutschen Afrika-Korps. Nach einer langen Ansprache ihres Kommandeurs, der die ehemaligen Fremdenlegionäre ein letztes Mal auf ihre deutschen Pflichten und Tugenden hinwies, ging es los. Mit dem Zug fuhren sie nach Süden, durchquerten die Alpen und kamen nach tagelanger Fahrt in Neapel an. Von dort aus ging es per Schiff weiter. Dann waren die Soldaten wieder auf dem Kontinent angekommen, auf dem sie Monate zuvor in einer anderen Uniform ihren Dienst verrichteten. In Afrika.

Foto: Privatarchiv des Autors, PA-DAK-0069-Derna-1941

Mit dem nachlassenden Regen kam die Ablösung. Als Simmer seine tropfnasse Zeltbahn einrollte, lächelte er zufrieden. „Das kann ich dir nur empfehlen, Kamerad", sagte er und deutete auf den pitschnassen Stoff. „Egal ob Wasser, Sonne oder das Zielfernrohr eines britischen Scharfschützen dir zusetzen, die Zeltbahn schützt dich!"

„Danke für den Hinweis", grummelte der ablösende Landser leicht verschlafen. „Hast du sonst noch was mitzuteilen?"

„Nur, dass du deine Rübe am besten unten hältst. Drüben ...", Simmer deutete in die Nacht hinaus, „... liegen hin und wieder Scharfschützen."

Ein Nicken war alles was der Gefreite als Antwort bekam. Er packte zusammen, wünschte seinem Kameraden nochmals viel Glück und ging nach hinten weg.

Als die Mittagssonne auf das Zelt brannte, erwachte der ehemalige Fremdenlegionär. Er hörte lautes Lachen und Gerede. Die Neugier des Soldaten wurde geweckt. Der Gefreite stand auf, schlüpfte in Hose und Stiefel und ging nach draußen. Nichts wies mehr auf den kräftigen Regen der Nacht hin. Die staubtrockene, rissige Erde hatte das lebenswichtige Nass längst geschluckt. Simmer hörte das Brummen von Flugzeugmotoren und blickte nach oben. Er legte beide Hände an die Stirn, um die Augen vor der Sonne zu schützen. Der Landser erkannte ein paar Tante Ju´s. Die Schatten der Transportflugzeuge huschten über die Männer hinweg, die Rümpfe senkten sich. Die Maschinen landeten auf dem nahegelegenen Feldflugplatz.

„Ich verwette meine Tagesration an Rotwein, dass unsere Ausrüstung immer noch nicht dabei ist", donnerte Hitzmann heraus. Der Obergefreite wartete darauf, ob jemand auf seine Wette einging, doch keiner seiner Kameraden hatte große Lust, sein Achtel Rotwein zu verlieren.

„Hitzmann, weder die schweren Waffen, noch die fehlende Artillerie-Abteilung werden mit der Ju 52 eingeflogen. Mit deinen faulen Wetten kannst du vielleicht einen *Blauen* aufs Glatteis führen, aber keinen von unseren Männern. Compris?", entgegnete Unteroffizier Gunther Staub und lachte.

„Natürlich, Sergent", antwortete Hitzmann. „Hätte mich aber tierisch gefreut", schob er nach.

„Lass den Sergeanten weg. Die Zeiten bei der Legion sind allemal vorbei. Du musst dir angewöhnen, die deutschen Dienstgrade auszusprechen. Wir sitzen sowieso schon zur Genüge auf dem Präsentierteller. Es gibt genügend Intelligenzstreifen, die uns immer noch nicht trauen", mahnte der Unteroffizier und dachte dabei an die Biesen an den Hosen der Generalstäbler.

Am Horizont wurde eine sich langsam nähernde Staubfahne sichtbar.

„Das wird der Wasserwagen sein", freute sich Müller. Der Soldat klopfte auf seine Feldflasche. „Wein wäre mir zwar lieber, aber Wasser ist ab und zu auch nicht schlecht", grinste er.

„Guten Morgen, Kameraden", begrüßte Simmer die Gruppe und gesellte sich dazu.

Ein paar Landser lachten laut.

„Was gibt's denn da zu lachen?"

Foto: Privatarchiv des Autors, PA-DAK-0071-Ju 52-Afrika

24

„Schau mal auf die Uhr, du Witzbold. Wir denken schon ans Mittagessen, da schreist du einen Morgengruß durch die Gegend", stieß Hitzmann aus und klopfte Simmer auf die Schulter. „Deine Nachtwache hat sich gelohnt. Während du gepennt hast, mussten wir den ganzen Vormittag Schanzarbeiten rund um die Zelte durchführen."

„Davon habe ich nichts mitbekommen."

„Kein Wunder", lachte Unteroffizier Staub, „du hast so laut geschnarcht, dass die Tommys dachten, wir sägen sämtliche Brennholzbestände zusammen."

Verhohlene Blicke bei den Kameraden, dann schallendes Gelächter. Simmer meckerte und je mehr er sich aufregte, umso heftiger wurde gelacht. Erst das Abbremsen des Lastwagens, der das tägliche Trinkwasser brachte, sorgte für eine Unterbrechung.

„Los! Füllt eure Feldflaschen und bringt die Kanister rüber!", befahl Staub und beendete damit die Pause der Gruppe.

„Gib deine Feldflaschen her, Harald. Ich bring dir Wasser mit. Wasch du dich erst mal in Ruhe. Mit Verlaub ausgedrückt, stinkst du schon fünf Kilometer gegen den Wind", meinte Hitzmann und rümpfte dabei die Nase, um seine Aussage unterstreichen.

Zuerst wollte Simmer erklären, dass er nach dem langen Postendienst zu müde war sich zu waschen, doch dann fuhr er mit den Händen übers Gesicht und spürte kleine Bartstoppeln. „Danke", sagte er schließlich, „ist ja nicht so wie in der Legion, wo zuerst die Offiziere, dann die Unteroffiziere und am Ende die Legionäre im selben Trog baden. In der Wehrmacht macht das Waschen schon mehr Spaß."

„Wir haben hinten ein paar Wannen aufgestellt. Das aufgefangene Regenwasser ist ideal. Da kannste dich beruhigt pflegen und vor allem rasieren."

„Wunderbar, ich muss sowieso los."

Hitzmann sah Simmer fragend an. Jetzt war es der Gefreite, der sein Gesicht zu einer grinsenden Grimasse verzog. „Eiliger Spatengang!", schob er erklärend nach, drehte sich um und ging schnellen Schrittes zum Zelt zurück. Bewaffnet mit Waschzeug und Handtuch hetzte er schließlich in Richtung der Latrinen davon.

„Du hast Glück", rief ihm Hitzmann nach. „Während wir geschanzt haben, hat die zweite Gruppe neue Kastenlatrinen gebaut."

„Prima", hallte es zurück, dann war Simmer hinter den Zelten verschwunden.

Der Wasservorrat der ehemaligen Fremdenlegionäre war aufgefüllt. Der nächtliche Regenguss konnte leider nicht für dauerhafte Kühlung sorgen. Längst hatte die Nachmittagssonne wieder den Himmel zurückerobert. Die Luftfeuchtigkeit war spürbar gestiegen. Die Gruppe um Unteroffizier Staub saß unter einem breitflächig gespannten großen Leinentuch. Die Afrikaner, wie sich die Soldaten des Deutschen Afrika Korps selbst nannten, hockten in kurzen Hosen und ohne Oberbekleidung zusammen und tranken Tee. Ein paar von ihnen trugen über ihren Kopfbedeckungen Netze, welche die lästigen Fliegen davon abhielten, auf der Suche nach Feuchtigkeit in Nasenlöcher, Ohren oder den geöffneten Mund der Männer zu kriechen.

Die Vorahnung des Gefreiten Simmer stellte sich als berechtigt heraus. Der gesamte Zug musste in der kommenden Nacht auf Spähtrupp gehen. Die Gruppenführer waren zwischenzeitlich von Leutnant Zunder in die neue Lage eingewiesen worden und gaben die Kenntnis an ihre Männer weiter. Scheinbar regte sich beim Feind etwas. Der kommende Auftrag war klar definiert. Aufklärung.

„… und am liebsten wäre ihnen ein Gefangener Offizier mit Stabskarten im Brustbeutel", beendete Staub die Ansprache vor seiner Gruppe.

„Ein Kamerad der Nachbarkompanie hat mir erzählt, dass sie dreimal draußen waren und davon zweimal Feindkontakt hatten. Nur gestern war es ruhig. Dort drüben ist voll was im Busch", tönte Hitzmann.

„Ist doch klar. Der Tommy will Tobruk befreien", meinte Müller.

„Und dazu müssen sie zwangsläufig an unseren Stellungen vorbei", schloss Simmer die Kommentare der Landser ab.

„So abwegig ist das gar nicht", erklärte Staub weiter, „Leutnant Zunder hat gesagt, dass die Briten unsere Truppen vor Sollum abschneiden könnten. Die Itaker rücken dort gerade ab."

„Und wir würden mitten drin liegen. Das wäre doch wieder einmal typisch", moserte Hitzmann.

„Als ehemaliger Legionär musstest du auch mit so etwas rechnen. Da brauchst du dich nicht zu beschweren, Rolf", konterte Simmer und dachte dabei an die Ausbildung in Baumholder, als ihnen mitgeteilt wurde, dass sie sich an der Front bewähren durften.

„Den Kampf scheue ich gar nicht, Harald, aber …"

„Aber was?", mischte sich Staub neugierig ein.

„Aber ich kann mir nicht vorstellen, dass die Tommys nur mit Infanterie angreifen. Die weite Ebene lädt Panzer geradezu ein und unsere schweren Waffen sind noch nicht hier."

„Mal den Teufel nicht gleich an die Wand", versuchte der Gruppenführer abzuwiegeln. Von Hitzmann erntete er jedoch nur ein süffisantes Lächeln. Dazu stieß der kräftige Obergefreite noch einen Zungenschnalzer aus. „Wenigstens ist es ein ehrlicher Kampf."

„Wie meinst du das?", fragte Müller neugierig nach. Müller war der Jüngste der Gruppe und hatte sich aus Abenteuerlust kurz vor Ausbruch des Krieges der Legion angeschlossen.

„Du warst damals noch ein *Blauer*", begann Hitzmann zu erzählen. Gezielt setzte er eine Pause und griff zu seinem Teebecher. Die große klobige Hand umschloss das Trinkgefäß fast gänzlich. Dann verscheuchte der Landser ein paar Fliegen, hob sein Mückennetz hoch, trank und stellte den Becher wieder auf den wackeligen Holztisch zurück.

Gebannt beobachtete Müller jede Bewegung des Hünen. Um sie herum verstummten alle Gespräche. Sogar die Miene von Unteroffizier Staub versteinerte sich.

„Wir waren in Marokko stationiert", erzählte Hitzmann weiter, „Täglich glühende Sonne und der gewohnte Drill. Eines Tages herrschte Aufruhr im Fort. Aufständische hatten einen französischen Steuereintreiber ermordet. Wir mussten raus in die Wüste. Der Befehl bestand aus nur einem Wort: Strafaktion!"

„Erspare uns die Details. Wir alle haben damals vereinbart, den Vorfall zu vergessen", warf Staub ein.

„Müller wollte wissen wieso ich einen ehrlichen Kampf respektiere, also erzähle ich von damals!"

„Ja, Gunther! Es interessiert mich", drängte Müller.

Die anderen schwiegen nach wie vor. Wer die Geschichte nicht kannte, brannte darauf sie zu erfahren. Außer Simmer, Hitzmann und Staub war damals keiner der Kameraden dabei gewesen.

„Mach schon", drang die sonore Stimme von Weber in die Runde. Der bayerische Dialekt stach deutlich hervor. Weber stammte, ebenso wie Unteroffizier Staub, aus München.

„Also gut, dann die kurze Version", grummelte Hitzmann und sprach weiter. „Wie üblich marschierten wir in die Wüste hinaus. Die Offiziere ritten selbstverständlich", warf er ein. „Wir suchten den

Tatort auf. Unser damaliger *Capitaine* ordnete äußerste Härte an, was der neue *Sous-Lieutenant* rigoros umsetzte. *Sergent-Chef* Bolouvard, der größte Kotzbrocken unter Gottes Sonne, führte seine Leute in ein Dorf nahe der Stelle, an der man den Steuereintreiber aufgefunden hatte. Sie wüteten wie Berserker. Das halbe Dorf wurde niedergemetzelt. Bolouvard erschlug eigenhändig mindestens fünf Männer, und zwar nachdem er sein Magazin verschossen hatte. Ich schwöre es. Als wir die Schüsse hörten, sind wir schnurstracks dorthin geeilt. Als wir ankamen, war alles schon vorbei. Ein schreckliches Bild. Ein paar von unseren Kameraden waren kurz vorm Kotzen und wären beinah durchgedreht, während Bolouvard dreckig lachte und 'ne extra Ration Rotwein kassierte. Er hat einfach behauptet, die Dorfbewohner waren die Täter."

„So ein mieser Schwerverbrecher!", donnerte Weber los.

„Die Legion hätte schon viel früher mit dem Aussieben solcher Kreaturen beginnen müssen", schimpfte Müller mit zittriger Stimme. Er hatte sich das Schreckensszenario bildlich vorgestellt.

„Aussieben?", fragte Simmer nach.

„Ja, so wie sie es bei uns gemacht haben. Der *Service d'Immatriculation* nimmt doch seit 1938 von jedem Bewerber Fingerabdrücke. Damit sollen die Schwerverbrecher, die sich hin und wieder in der Legion verstecken, aussortiert werden."

„Müller hat Recht. Außerdem gibt's eine Menge Verhöre und Fragen, bevor sie dich zur Grundausbildung lassen", bestätigte ein anderer.

„Das hätten sie wirklich früher einführen sollen, dann würde es solche Kerle wie Bolouvard nicht geben." Unteroffizier Staub sah auf seine Armbanduhr. „Jetzt richtet eure Sachen her und ruht euch noch ein wenig aus. Abmarsch zwei Stunden nach Einbruch der Dunkelheit!"

„Abmarsch? Hast du eingangs nicht erwähnt, wir würden die Vorteile der Wehrmacht genießen und von Lastwagen abgeholt werden?", hakte Weber nach.

Staub lachte. „Keine Angst! Die kommen schon."

Weber war beruhigt. Die Landser standen auf und gingen zu ihren Zelten. Nur Hitzmann blieb etwas länger sitzen. Als alle weg waren, sprach er Staub an. „Ich weiß, dass ich alte Wunden aufgerissen habe, Gunther, aber die jungen Kerle hier sollen ruhig erfahren, dass im Soldatenleben nicht alles rosig ist. Egal welche Uniform man trägt."

„Ich kann die Bilder von damals nicht verdrängen. Ich hasse diesen Bolouvard und hoffe, dass wir uns eines Tages wiedersehen. Dann werde ich das tun, wozu ich bei der Legion zu feige war."

„Du warst nicht zu feige. Jeder aus unserem damaligen Zug wäre dem *Sergent-Chef* gern an die Gurgel gegangen, aber du weißt genau, was das bedeutet hätte, compris?"

„Kerkerhaft!"

„Mit etwas Glück vielleicht nur zehn Jahre, aber auch das überlebt keiner ohne Schaden. Hätten sie in Marokko allerdings Kriegsrecht gelten lassen, und davon bin ich überzeugt, hätten sie dich unverzüglich an die Wand gestellt."

Staub ballte die Fäuste zusammen. „Im Leben sieht man sich immer zweimal", presste er hervor.

Die Lastwagen waren pünktlich gekommen und hatten die Männer des Deutschen Afrika Korps nach vorn gebracht. Unteroffizier Gunther Staub führte seine Gruppe an den letzten beiden Vorposten vorbei. Sie erreichten im Schutz der Nacht das Niemandsland.

Das Wetter schlug kuriose Kapriolen. Kurz vorm Abmarsch berichtete Leutnant Zunder, dass es am Halfaya-Pass schier pausenlos geregnet hatte. Angeblich war der Untergrund dort so weich geworden, dass die Geschütze wegrutschten und die Panzer bis zur Wanne in der Erde versanken. Hier dagegen war es trocken geblieben.

Um das Auftreten auf dem teilweise sehr harten Boden, sowie das Knirschen der Schritte bei sandigem Untergrund zu dämpfen, wandten die ehemaligen Fremdenlegionäre einen simplen Trick an. Sie wickelten sich Lappen um die genagelten Sohlen ihrer Tropen-Schnürstiefel. Marschiert wurde bei langsamem Tempo in Reihe. In regelmäßigen Abständen ließ der Gruppenführer halten und lauschte in die Dunkelheit. Die Maschinenpistole war stets feuerbereit. Im Notfall musste es schnell gehen. Obwohl sie vor dem Morgengrauen zurück sein wollten, hatte jeder der Landser seine beiden Feldflaschen mit Wasser dabei. Ebenso trugen sie Gasmaske, Spaten und Brotbeutel mit sich. Der versierte Unteroffizier Gunther Staub wusste, dass er auf alles vorbereitet sein musste. Nichts war schlimmer, als ohne Wasser in der Wüste ums überleben kämpfen zu müssen. Jederzeit konnte etwas Unvorhergesehenes eintreten. Ein Hinterhalt, der sie für einen Tag zum Ausharren zwingt, oder ein Sandsturm. In diesem menschenfeindlichen Gebiet war eine zweite Wasserflasche zweifelsohne lebensrettend.

Wieder einmal hob Staub die Hand. Zum x-ten Mal während des Spähtrupps blieb er stehen und somit auch die ganze Gruppe. Jeder der Afrikaner lauschte in die Nacht.

„Hast du was gehört?", erkundigte sich Hitzmann.

„Nein, jedenfalls nichts konkretes, aber meine Bauchgegend sagt mir, dass etwas nicht stimmt."

„Das wird vom Linseneintopf kommen, den du heute Mittag verdrückt hast", witzelte Müller. Als niemand lachte, wurde dem jungen Soldaten klar, dass seine Bemerkung fehl am Platz war. Etwas verlegen schwieg er.

„Ich habe dir ja schon erzählt, dass unsere Nachbarkompanie beinah täglich auf britische Spähtrupps traf. Es kam ausnahmslos zu Feuergefechten mit anschließendem Nahkampf. Mein Kumpel Huber hat gemeint, dass er lieber noch einmal für ein Jahr als *Blauer* in ein Wüstenfort gehen würde, als noch einmal so eine Woche mit Spähtrupps vor sich zu haben. Und Huber ist ein harter Hund!"

„Ein Jahr als *Blauer* in einem Wüstenfort zu sein ist gleichzusetzen mit einem Jahr in der Hölle. Wenn dein Kumpel das freiwillig vorgezogen hätte, möchte ich, dass ihr doppelt so gut aufpasst als sonst!", entgegnete Staub.

Müller nahm seinen Karabiner von der Schulter und hielt ihn vor die Brust. Nach und nach machte sich jeder aus der Gruppe kampfbereit. Simmer öffnete den Schnallriemen der Segeltuchtasche und zog den kurzen Spaten heraus. Er hielt ihn prüfend in der Hand und nickte zufrieden.

„Was soll das?", fragte Weber sofort nach.

„Wenn wir mit dem Tommy in Nahkampf geraten, ist der Spaten, verglichen mit dem Seitengewehr, die bessere Waffe."

„Ruhe!"

Schlagartig verstummten die ohnehin schon leise geführten Gespräche. Wieder lauschten die ehemaligen Legionäre in die Nacht hinein. Nachdem auch nach weiteren zehn Minuten keiner etwas Verdächtiges hörte, gab Unteroffizier Staub den Befehl zum Weitermarsch. Immer tiefer drang die Gruppe ins Feindgebiet ein. Etwa eine halbe Stunde später, kniete sich der Gruppenführer ab. Im Mondlicht versuchte er die Uhrzeit von seiner Armbanduhr abzulesen. Er ließ die MP lose baumeln und zog einen Kompass, sowie eine Karte aus seinen Taschen. Ein weiterer Griff folgte, und der schwache Schein einer Taschenlampe erhellte die Karte.

„Entweder hatten wir Glück und sind genau durch ein Nadelöhr der Briten geschlüpft, oder sie haben sich verzogen."

Hitzmann kniete sich neben den Unteroffizier. „Glaubst du an Wunder?"

Staub schüttelte den Kopf.

„Also haben sie sich nicht verzogen. Ich sage dir, dass sich hier irgendwo die Tommys herumtreiben. Vielleicht sind wir nur wenige Meter voneinander entfernt aneinander vorbei gelatscht."

Ein Scheppern war zu hören. Sofort wurde die Taschenlampe ausgeschaltet. Jeder nahm seine Waffe zur Hand. Gänsehaut breitete sich über manchen Rücken aus. Die Nervosität stieg.

„Wo kam das her?", fragte Gunther Staub nach.

Hitzmann deutete seitwärts.

„Auseinander!", flüsterte der Unteroffizier.

Die Gruppe verteilte sich im steinigen Wüstengelände. Jeder war angespannt. Schweißperlen bildeten sich trotz der nächtlichen Wüstenkälte an den Stirnen der Landser. Stimmen wurden lauter. Wortfetzen in englischer Sprache waren zu verstehen. Sie beschleunigten den Puls der deutschen Soldaten. Adrenalin schoss durch die Adern.

„Die schnappen wir uns", ordnete der Gruppenführer an und gab entsprechende Handzeichen. Die Ausbildung der Männer machte sich bemerkbar. Soldatischer Automatismus löste etwaige Denkvorgänge ab. Jeder legte an. Die Gruppe war ohne Maschinengewehr losgezogen, was Staub jetzt verfluchte. Allerdings schätzte er das Überraschungsmoment hoch ein.

Konturen wurden sichtbar. Der deutsche Unteroffizier registrierte, dass ein britischer Spähtrupp, ebenfalls in Gruppenstärke, direkt auf sie zukam.

„Warten", hauchte er leise aus.

Als nur noch wenige Meter zwischen den beiden Kriegsparteien lag, ging alles sehr schnell. Der Unteroffizier eröffnete mit einer Salve aus seiner MP das Feuer. „Angriff!", brüllte er, sprang auf und jagte zwei weitere Feuerstöße aus seiner Waffe. Weitere Schüsse krachten. Schatten fielen zu Boden und wälzten sich vor Schmerzen. Die Schreie der Getroffenen hallten durch die Dunkelheit. Wie ein Mann sprangen die Soldaten des *DAK* auf und stürmten mit lautem „Hurra!" auf den Gegner zu.

Ein Brite sah sich plötzlich dem Hünen Hitzmann gegenüber. Angstvoll versuchte er sein Enfield nach vorn zu bringen um zu schießen, doch bevor er die Waffe im Anschlag hielt, traf ihn der Kolben von Hitzmanns Karabiner hart am Kopf. Der Tellerhelm rutschte zur Seite. Blut schoss aus einer klaffenden Wunde. Der Soldat wankte stark. Als weitere drei Engländer auf den bulligen Ex-Legionär zustürmten, packte der Deutsche sein Gewehr am Lauf und schwang es wie eine Keule herum.

Der erste Schock des Überfalls schien sich gesetzt zu haben. Erstes Gegenfeuer flackerte auf. Der gellende Schrei eines Schwerverwundeten war zu hören. Neben Staub fiel einer seiner Männer zu Boden. Plötzlich dröhnten wie aus dem Nichts Motoren. Lichtkegel fielen über den Kampfraum. Immer mehr Soldaten stürmten auf die Landser zu. Gunther Staub erkannte die Überlegenheit des Gegners und stellte augenblicklich das Feuer ein. Es wäre sinnlos gewesen, sich und seine Männer zu opfern. Der vermeintliche Spähtrupp entpuppte sich als Vorhut einer ganzen Kompanie.

„Feuer einstellen!", brüllte der Münchner. „Hört auf zu kämpfen, Männer!"

Nach und nach legten die ehemaligen Fremdenlegionäre ihre Waffen zu Boden und hoben die Hände. Sie ergaben sich der erdrückenden Übermacht.

„Verdammt noch mal!", fluchte Hitzmann und warf seinen Karabiner zu Boden.

„Wo kommen denn die alle her?", entfuhr es Simmer, der sich nur Sekunden später im Lichtschein eines Jeeps befand.

„Wir haben keinen Spähtrupp angegriffen, sondern eine ganze Kompanie", stellte Gunther Staub trocken fest und legte ebenfalls seine Waffe nieder. Er hob die Hände gut sichtbar nach oben und ging langsam zurück zu seinem am Boden liegenden Kameraden. Der Münchner kniete sich neben dem Angeschossenen ab und sah in ein blasses, leeres Gesicht. Während er die Hundemarke des Gefallenen abbrach und in seine Brusttasche schob, wurde er bereits von zwei britischen Soldaten anvisiert. Einer deutete mit dem Lauf seiner Waffe nach oben. „Stand up!"

Der Unteroffizier erhob sich langsam. Nach einem weiteren Hinweis ging er zu den anderen Gefangenen. Zwei seiner Kameraden wurden gerade verbunden. Einer hatte einen Armdurchschuss, der andere lediglich einen Streifschuss am Kopf.

Nur ein Toter, stellte der Gruppenführer beinah erleichtert fest. Sanitäter trugen Verwundete auf Bahren weg. Lastwagen fuhren zu Seite und machten Platz für Sankas.

Ein Offizier kam auf sie zu. Er musterte Gesichter und Schulterklappen der deutschen Soldaten und stellte sich schließlich vor Staub auf. Im gleichen Moment donnerte es aus Hunderten von Geschützen. Am Himmel zuckte es Tausendfach. Granaten jaulten durch die Luft. Der Boden vibrierte. Panzer rollten an ihnen vorbei und gingen in Stellung. Schnelle Blicke wurden untereinander ausgetauscht. Jedem war klar, dass an der Front ein Höllentanz losbrach.

In einem gut verständlichen Deutsch wurde der Unteroffizier angesprochen. „Ich zolle Ihnen Respekt, *Sergeant*. Sie haben mit ihrer Gruppe versucht, einen britischen Großangriff aufzuhalten", grinste der Offizier und blickte in Staubs Augen.

„Fast hätte ich es geschafft!", konnte sich der Unteroffizier nicht verkneifen und lächelte verschmitzt zurück.

„Ihnen wird das Lachen noch vergehen, Kraut. Aber zuvor muss ich meine Arbeit erledigen. Für Sie und Ihre Männer ist der Krieg beendet." Diesmal grinste der Brite nicht. Er wendete sich einem seiner Männer zu, bellte ein paar Befehle aus und ging zurück zu seinem Jeep. Ein altgedienter Sergeant gab die soeben erhaltenen Befehle weiter, und die Gruppe von Unteroffizier Staub wurde auf zwei Lastwagen verteilt. Wortlos kamen die Männer den Aufforderungen der alliierten Soldaten nach. Erst als sie auf den Ladeflächen der Lastwagen saßen, trauten sie sich leise miteinander zu flüstern.

„So schnell kann es gehen. Wir sind jetzt Kriegsgefangene!"

„Leise! Ich habe keine Lust einen Gewehrkolben in den Bauch gerammt zu bekommen!"

„Beruhigt euch, Kameraden", übernahm Staub das Wort, „wir sind hier bei den Engländern, nicht bei den Franzosen."

„Was ist, wenn die uns ausliefern?"

Alles schwieg. Daran hatte keiner gedacht. Würden die Franzosen die ehemaligen Fremdenlegionäre als solche erkennen? Und falls ja, was würden sie mit ihnen machen?

Während die Achsenmächte sich auf einen Angriff auf die Festung Tobruk vorbereiteten, um diese alliierte Enklave endgültig zu erobern, rüsteten die Alliierten zur *Operation Crusader,* die bisher größte Offensive im Wüstenkrieg. Ziel des *Oberbefehlshabers der britischen Streitkräfte, General*

Sir Claude Auchinleck, war neben der Zurückeroberung der Cyrenaika, die Befreiung der belagerten Festung Tobruk und die gleichzeitige Vernichtung der unterlegenen deutschen Panzerkräfte. General Auchinleck beorderte das Gros seiner *8. britischen Armee* nach Sidi Rezegh. Auf diesem Weg sollte neben dem Zugang nach Tobruk auch die Versorgungsroute der Achsenmächte zur Sollum-Front abgeschnitten werden.

Das Risiko, dass der britische Angriffskeil an den Flanken schutzlos war, nahm Auchinleck in Kauf und vertraute darauf doppelt so viele Panzer zur Verfügung zu haben, als sein Widersacher *General Rommel*.

Mit voller Wucht traf der Angriff auf das zwischenzeitlich zur *90. leichten Afrika-Division* gehörende *Regiment 361*. Doch die ehemaligen Fremdenlegionäre verteidigten sich verbissen und gaben keinen Meter des trockenen Wüstenbodens kampflos auf. Obwohl das Regiment zum Angriffszeitpunkt noch immer über keine schwere Waffen verfügte und die regimentseigene Artillerie-Abteilung nicht vor Ort war, geriet der Angriff ins Stocken. Zwar konnte der Feldflugplatz von Sidi Regzegh erobert und ein Teil der Verteidiger gefangen genommen werden, doch General Rommel hatte wertvolle Zeit gewonnen. Er verzichtete auf die Eroberung Tobruks und beorderte die *21. Panzer-Division* nach Sidi Rezegh, wo sie auf die überraschte *britische 7. Panzerbrigade* traf und diese weit zurückschlug.

Tags darauf, als die Briten zwei weitere Panzerbrigaden nach Sidi Rezegh entsandten, wurden diese nicht nur von der *21. Panzer-Division*, sondern zusätzlich von der zwischenzeitlich eingetroffenen *15. Panzer-Division* erwartet.

Am 23. November 1941, es war Totensonntag, tobte die bislang größte Panzerschlacht des gesamten Afrika-Feldzuges. Gemeinsam mit den Panzerkräften stürmten die überlebenden Angehörigen des *Infanterie-Regiments 361* aus ihren Igelstellungen und fügten den Alliierten bis zum Abend eine verheerende Niederlage zu. Hunderte von brennenden Panzerwracks färbten den Himmel schwarz. Rauchsäulen nebelten das Schlachtfeld ein. Die *5. südafrikanische Brigade* verlor weit mehr als die Hälfte ihrer Soldaten.

Dieser Totensonntag bescherte den Alliierten die höchsten Verluste seit Beginn des Wüstenkrieges. General Auchinleck hatte seinen Gegner, General Rommel, kennen und fürchten gelernt. Das

Regiment 361 hatte sich mehr als bewährt. Es wurde fortan von General Rommel als elitäre Einheit angesehen.

Das Gefangenenlager war lediglich mit einfachem Stacheldraht umzäunt. Anfangs wurde es täglich um das jeweils benötigte Areal erweitert. Das Donnern der britischen Artillerie schien unendlich zu sein.

„Merde!", fluchte Hitzmann und schlug mit seiner Faust in die flache Hand. „Wir Idioten gehen auf Spähtrupp und laufen direkt in eine britische Offensive."

Gunther Staub lag auf dem Boden und döste vor sich hin. Zumindest schien es so. Dann öffnete der Gruppenführer die Augen. Er hatte dem Gespräch gelauscht. „Nur ruhig, Hitzmann. Manchmal glaube ich, dass du deinen Namen zu Recht trägst. Ständig bist du hitzköpfig unterwegs, wenn ich das mal so sagen darf."

Hitzmann stand. Der bullige Landser deutete in Richtung Sidi Rezegh. „Dort ist unser Platz. Täglich kommen immer mehr Gefangene hier an. Kaum einer ist ohne Blessuren. Und wir? Wir sehen aus, als ob wir uns gedrückt hätten."

„Reg dich ab!", mischte sich Simmer ins Gespräch mit ein. „Seit zwei Tagen rennen die Briten gegen unsere Jungs an und sind immer noch nicht durchgebrochen. Unser Regiment schafft das auch ohne uns."

„Passt mal auf, Kameraden!", knurrte Gunther Staub und setzte sich auf. Dem Tonfall war anzumerken, dass den Unteroffizier etwas beschäftigte. „Mir ist die Sache mit der möglichen Auslieferung nicht mehr aus dem Kopf gegangen. Das ist die einzige Sorge, die ich habe."

„Warum?"

„Weil ich nicht weiß, was die Franzmänner mit ehemaligen Legionären machen. Und wenn ich ehrlich bin", schob der Unteroffizier nach, „möchte ich es auch gar nicht erfahren."

„Und wie willst du das verhindern?"

Zwei Lastwagen fuhren vor das Lager und hielten an. Die Wachen brüllten Kommandos, woraufhin Gefangene von den Ladeflächen sprangen. Verwundete wurden gestützt. Das Zugangstor, lediglich ein mit Stacheldraht umzogenes Holzgatter, sicherlich nur schnell von Pionieren zusammengezimmert, wurde beiseitegeschoben. Das Gefangenenlager füllte sich zusehends.

„Bekomme ich meine Antwort noch heute?", hakte Simmer nach.

„Leutnant Zunder!", rief Staub plötzlich und begann zu winken. Alle Köpfe blickten zu den Neuankömmlingen. „Endlich mal jemand, der vielleicht mehr Auskunft geben kann als die Kameraden, die bislang hergebracht wurden."

Der Offizier erkannte seinen Gruppenführer und ging schnurstracks zu Staub und dessen Gruppe.

„Unteroffizier Staub, schön Sie zu sehen", begrüßte er seinen Untergebenen. „Wie sind Sie in Gefangenschaft geraten?"

Der Bericht war schnell erstattet. „... aber jetzt möchte ich gern hören wie es bei Sidi Rezegh aussieht. Der britische Feuerzauber war ja gigantisch", fügte Staub hinzu.

„Nun ja", begann Zunder und setzte sich, „wir waren in dieser Nacht auch auf Spähtrupp draußen, konnten aber gerade noch rechtzeitig zu den eigenen Linien zurückkehren. Unsere ersten Reihen haben sich überrollen lassen und mit Handgranaten ein paar Panzer geknackt, doch die Übermacht war zu groß. Die Alliierten haben uns zurückgedrängt. Wenn nicht bald Ersatz mit schweren Waffen nachrückt, wird das Regiment aufgerieben!"

Knallharte Worte, die erst einmal verdaut werden mussten.

„Wissen Sie, wie es denn mit Verstärkung aussieht?"

Obwohl es ausgeschlossen war, dass einer der britischen Wachposten sie hören könnte, blickte sich Zunder sichernd um. „Man hat uns Panzerunterstützung zugesagt. Die Männer müssen nur lange genug ausharren!"

„Das wird ein heißer Tanz."

„Während die Kameraden hier im Lager dabei waren, ihre letzten Futterrationen zu vertilgen", übernahm Staub wieder das Wort, „habe ich mir das Lager etwas genauer angesehen. Die Wachposten sind schwach besetzt. Der Stacheldrahtverhau stellt kein großes Problem dar.

„Sie denken an Flucht?"

„Keiner rechnet damit. Wo sollten wir auch hin?", sprach der Unteroffizier weiter.

„Das frage ich dich auch", meinte Hitzmann, der gespannt zuhörte. Der Gedanke an eine Flucht war Musik in seinen Ohren. „Um uns herum ist nur Wüste. Euch brauche ich nicht zu erzählen, wie lange es dauern würde, bis wir dort draußen elendig verrecken", fügte er schließlich hinzu.

„Hitzmann, woran liegt es, dass du es lediglich zum Obergefreiten geschafft hast? Dein Scharfsinn ist so genial, dass du Offizier sein müsstest."

„Ich war bei der Legion *Caporal*. Das hat man mir sicherlich angerechnet", erwiderte der Obergefreite voller Stolz. Trotzdem bildeten sich auf seiner Stirn Denkfalten, da er die Frage des Unteroffiziers nicht richtig einordnen konnte.

Grinsen in den Reihen der Landser. Hitzmann bekam einen kleinen Seitenhieb von Simmer verpasst. „So war das nicht gemeint, du Schlaumeier", wies er den Obergefreiten auf Staubs Wortspiel hin.

„Ach so", war der einzige Kommentar des Hünen. Seine Stirn glättete sich wieder und der Hüne schloss sich dem Grinsen seiner Kameraden an.

Staub sprach weiter. „Der Engländer denkt genauso wie Hitzmann. Die Tommys meinen, wir können nicht nach links oder rechts, weil uns dort die Wüste empfängt. Das wäre der sichere Tod. Vorn tobt die Schlacht, von deren Sieg sie überzeugt sind, und hinten sitzt ihr gesamter Tross. Also verzichten sie auf viel Schnick-Schnack. Sie gehen davon aus, dass wir ohnehin nicht abhauen."

Zustimmendes Nicken.

„Allerdings habe ich einen Namen gehört, der mir gar nicht gefallen hat", fuhr der Unteroffizier fort.

„Wie meinst du das?", kam die erste neugierige Frage. Zwischenzeitlich hatte sich die ganze Gruppe um Unteroffizier Staub versammelt.

„Ich hörte ein Gespräch zweier Tommys mit, die sich angeregt unterhielten. Meine Englischkenntnisse sind nicht gerade erster Klasse, aber als sie dann einen Ortsnamen aussprachen, wusste ich, dass ich dort nicht freiwillig hingehen werde."

„Jetzt mal raus mit der Sprache! Wenn du weiter so um den heißen Brei herum redest, machst du am Ende die Bewacher auf uns aufmerksam", schimpfte Hitzmann. Das Grinsen im Gesicht des Obergefreiten war gänzlich verschwunden.

„Ksar es Souk", sagte Staub leise und jeder der ehemaligen Legionäre verstummte schlagartig.

Ksar es Souk war in Legionärskreisen gut bekannt und von jedem gefürchtet.

„Du meinst aber nicht das Fort in Marokko? Die Festung, die sogar schon als Strafe anzusehen ist, wenn man dort als Legionär erster Klasse seinen Dienst verrichten muss."

„Genau dieses Lager meine ich!"

Ein Raunen ging durch die Reihen. Immer wieder wurde der Name des Forts ausgesprochen.

„Mit den Franzosen ist nicht zu scherzen. Ich garantiere euch, dass sie uns holen. Sie betrachten uns als Verräter."

„Nichts und niemand wird mich nach Ksar es Souk verfrachten. Eher sterbe ich im Kampf!", donnerte Hitzmann heraus und wurde sofort von Simmer in die Seite gestoßen. Diesmal heftiger als kurz zuvor.

„Ruhig bleiben!"

„Ich denke genauso, wie Hitzmann. Ich bin nicht dafür geschaffen, in einem Lager der Fremdenlegion vor mich hinzusiechen und auf den Tod zu warten. In Ksar es Souk wird genau das passieren."

„Als ich noch in Sidi-Bel-Abbès stationiert war, habe ich einmal einen Gefangenentransport nach Ksar es Souk begleitet. Wir brachten einen italienischen Deserteur hin", begann Rolf Hitzmann zu erzählen. „Als wird in der Einöde ankamen, dachte ich, wir sind in der Hölle gelandet."

„Was passiert mit Gefangenen, die dort hingebracht werden?"

Der ehemalige Legionär räusperte sich, dann erzählte er weiter. „Der Hof des Forts ist mit Steinen gepflastert. Die Gefangenen müssen ihre Uniformen ausziehen und bekommen eine Art Drillich verpasst. Dann gibt es zur Begrüßung ein paar Schläge mit einem Stock, oder wahlweise ein paar Hiebe mit einer Peitsche. Wenn Blut auf die Pflastersteine tropft, müssen die Gefangenen es aufwischen. Danach werden sie in ein Loch verfrachtet. Zwei Meter tief, zwei Meter lang, etwas mehr als einen halben Meter breit. Oben drauf ein Stück Wellblech. Sie bekommen zwei Eimer. Einer ist für ihre Notdurft, der andere zur Hälfte mit fauligem Wasser gefüllt. In dem Loch bleiben sie erst mal für zehn Tage. Als ich dort war, stand eines dieser armen Schweine mitten im Fort an einem Pranger. Die Sonne hatte sein Gesicht schon verbrannt."

„Hör auf mit den Schauermärchen, Hitzmann", murrte Staub.

„Ich schwöre, dass es genauso war!", pulverte der Obergefreite, hob seine rechte Hand und unterstrich damit seine Aussage.

Simmer spürte Unbehagen in seiner Bauchgegend. „Gunther, wie war das mit dem Abhauen? Du hast doch bestimmt schon nachgedacht!"

Auch der Offizier hatte aufmerksam zugehört. Sein Interesse zur Flucht war längst geweckt. „Wie ich Sie kenne, Staub, haben Sie auch schon einen Fluchtplan ausgeheckt."

Der Unteroffizier, dessen Miene sich beim Gedanken an das in Marokko liegende Fort der Fremdenlegion verfinsterte, blickte seinen Zugführer an. „Meine Idee als Plan zu bezeichnen ist ein wenig übertrieben. Ich weiß lediglich, dass es nachts passieren muss. Wir überrumpeln die Wachen, schnappen uns so viel Wasser, wie wir tragen können und ab geht's."

„Und wo willst du das Wasser her bekommen? Ich sehe weder Zisternen, noch Fässer herumstehen", meckerte Hitzmann dazwischen.

„Deine Nase war auch schon mal besser."

„Wie meinst du das diesmal? Gunther, du regst mich auf. Ständig quatschst du in Rätseln. Jetzt sag was los ist und fertig!"

„Wenn ihr euch umdreht, was seht ihr dort hinten?"

Alle Köpfe fuhren herum. Die Landser starrten auf das Gelände hinter dem Stacheldrahtzaun.

„Dampfwolken?", fragte schließlich Simmer. „Meinst du das?"

„Genau das meine ich. Dort befindet sich die Feldküche. Wo gekocht wird, ist auch Wasser! Compris?"

„Staub hat recht. Spätestens in ein oder zwei Tagen wird man uns verlegen. Je nach Verlauf der Schlacht. Wenn wir ausbrechen wollen, müssen wir es sofort machen. Heute Nacht!"

Stummes, zustimmendes Nicken. Niemand sprach ein Wort. Sichernd sahen sich die Afrikaner um, ob nicht doch jemand dem Gespräch lauschen könnte.

„Ist außer mir noch ein Offizier im Lager?", erkundigte sich Zunder.

„Ein Oberleutnant, aber den kenne ich nicht. Er ist mit dem gestrigen Gefangenentransport angekommen."

„Meinst du den Verwundeten?", hakte Simmer ein.

„Ja."

„Der wurde heute früh, als du noch tief und fest gepennt hast, von Sanitätern abgeholt. Sie haben ihn in ihr Lazarett gebracht. Ritterlich sind sie schon, diese Engländer. Zumindest hier in Afrika", schränkte Simmer ein. „Von der Legion kenne ich es ein bisschen anders."

„Und da wären wir wieder beim Thema. Abhauen oder Gefahr laufen, dass wir ausgeliefert werden", brachte der Gruppenführer trocken ein.

„Ganz klar abhauen", entschied Hitzmann als erster. „Ich bin doch nicht zur Wehrmacht gewechselt, um nach Ksar es Souk zu kommen. Da hätte ich auch bei der Legion bleiben können."

„Dann wärst du nach Indochina gekommen. Soviel mir bekannt ist, sind dort alle Deutschen stationiert worden."

„Nicht alle", klärte Staub auf. „Ein Teil ist hier geblieben. Wahrscheinlich freiwillig. Bevor wir raus sind, habe ich gehört, dass sie sich zur *13. Halbbrigade* gemeldet haben. Die kämpfen bei den *FFL* mit."

„Bei den freien Franzosen? Als reguläre Truppen?"

„So ist es!"

„Nicht ganz", verbesserte Leutnant Zunder. „Die *FFL* wird vom Deutschen Reich nicht als reguläre Truppe anerkannt. Das bedeutet gleichzeitig, jeder dort kämpfende Soldat untersteht nicht dem Schutz der Genfer Konventionen."

„Das gibt's doch nicht!"

Der Offizier blickte in erstaunte Gesichter. „Allerdings hat unser General Rommel hierüber eine andere Meinung. Er sagte klipp und klar, dass es sich um uniformierte, reguläre Truppen handelt und sie entsprechend behandelt werden müssen."

„Rommel ist schon ein Pfundskerl, wenn ich das mal so sagen darf", warf Simmer ein.

Das improvisierte Gefangenenlager füllte sich zusehends. Damit einhergehend breitete sich der Fluchtgedanke unter den ehemaligen Fremdenlegionären immer weiter aus. Immer wieder wurde auf die mögliche Verbringung nach Ksar es Souk hingewiesen.

Während die Panzerschlacht von Sidi Rezegh in die entscheidende Phase kam und die britischen Verluste immer stärker anwuchsen, war der Zeitpunkt gekommen. Die Gefangenen überwältigten auf ein vereinbartes Zeichen hin gleichzeitig ihre Bewacher. Danach stürmten sie zur Feldküche, deren Personal keinen Widerstand leistete. Mit ausreichendem Wasservorrat marschierten die Soldaten des *Afrika-Regiments 361* schließlich los.

Da sie, bis auf die wenigen Gewehre der Wachen, unbewaffnet waren, wurde ein Umweg durch die Wüste gewählt. Ein Zusammentreffen mit etwaigen zurückweichenden alliierten Truppen musste unter allen Umständen vermieden werden.

Leutnant Zunder, der wie alle Offiziere des *Regiments 361* nicht bei der Legion gedient hatte, war von seinen Männern vieles gewohnt, aber die eiserne Disziplin, welche die ehemaligen Fremdenlegionäre beim Wüstenmarsch an den Tag legten, übertrafen seine kühnsten Vorstellungen. Auch später, als nach und nach seine Kräfte schwanden, erkannte er die zweite Eigenschaft, die ihn mit Stolz erfüllte diesem Regiment anzugehören. Es war die Zähigkeit, mit der die Soldaten der unwirtlichen Landschaft trotzten. Die Beine des Zugführers wurden schwer. Es kam zum Unvermeidlichen und er stürzte. Kräftige Arme zogen den Offizier wieder nach oben. Staub und Hitzmann hatten sich links und rechts eingehakt.

„Früher, in der Legion, hieß es: Marschier oder stirb!", sagte Hitzmann, dessen Stimme sich trocken und heiser anhörte.

„Aber wir sind jetzt Angehörige des Deutschen Afrika Korps und dürfen in jeder Situation Kameradschaft zeigen", fügte Unteroffizier Staub hinzu und fiel wieder in seinen Gehrhythmus.

Schritt für Schritt näherten sie sich ihren eigenen Einheiten. Das schier Unmögliche gelang. Die Freude unter den Regimentsangehörigen war groß, als sich die als gefangen oder gefallen geglaubten Kameraden nach einem längeren Marsch wieder zurück meldeten.

Leutnant Zunder, der aufgrund der körperlichen Überanstrengung vom Truppenarzt zur Erholung verdonnert wurde, bedankte sich auf seine Art und Weise. Er hatte Unteroffizier Staub für das Eiserne Kreuz Zweiter Klasse vorgeschlagen, welches der Gruppenführer ein paar Tage später verliehen bekam.

Der unermüdliche Einsatz und das beispiellose Verhalten der Soldaten brachte ihnen den höchsten Respekt Rommels ein.

Die Fronten verhärteten vor der britischen Gazala-Stellung, die sich auf einer Länge von rund 100 Kilometern von der Küste an bis tief ins Inland zog. In den Wüstengebieten war diese Verteidigungslinie durch Stützpunkte geschützt. Diese Verteidigungsanlagen waren zwischen 3 und 5 Quadratkilometer groß und bestanden aus Bunkeranlagen, Laufgräben, Drahthindernissen und weitläufigen

Minenfeldern. Zwischen den einzelnen Boxes, wie die Stützpunkte von den alliierten Streitkräften genannt wurden, patrouillierten als zusätzlicher Schutz britische Panzer.

Die südlichste Verteidigungsanlage trug den arabischen Namen Bir Hakeim, was so viel wie Hundebrunnen bedeutet. Die Gebäude waren nur noch Ruinen, die Wasserversorgung aus zwei alten Zisternen war katastrophal. Das Gelände rund um die Anlage war flach, sandig und steinig. Tagsüber ein Glutofen, nachts eisig kalt. Besetzt war Bir Hakeim von Kräften der 1. *Brigade der FFL*. Das Kommando führte der elsässische General Pierre Koenig. Die Soldaten rekrutierten sich aus allen Kolonialgebieten Frankreichs, sowie aus der *13. Halbbrigade der französischen Fremdenlegion* unter der Führung von Commandant Chef de Bataillon Prinz Amilakvari, ein Georgier. Seine Legionäre stammten zum Großteil aus Spanien, Russland, Österreich und Deutschland. Allesamt erprobte Soldaten und Veteranen aus den Kämpfen von Narvik.

Im Mai 1942 gab General Rommel den Befehl gegen die Gazala-Stellung vorzurücken. Unter den Angriffstruppen befand sich auch das *Afrika-Regiment 361*, welches seit kurzem als *Regiment 361* in die neu aufgestellte *Division Afrika z.b.V. (90. leichte Afrika Division)* integriert wurde.

Als die *90. leichte Afrika Division* in Bereitschaft versetzt wurde, sprach es sich im ehemaligen *Afrika-Regiment 361* wie ein Lauffeuer herum.

„Habt ihr es schon gehört?", tönte Hitzmann, als er vom Spatengang zurückkam.

„Was denn? Sind wir jetzt bewährt genug? Durften wir deshalb zur neuen Division stoßen?", fragte der Jüngste unter den Afrikanern nach.

„Quatsch! Hitzmann ist bei den Latrinen auf Wasser gestoßen und wir haben ab jetzt ein richtiges Wasserklo in der Wüste", prustete Simmer heraus.

„Nee, Kameraden! Ganz was anderes", wuchtete Hitzmann dazwischen und ignorierte den Witz seines Kameraden vollends. „Euch wird das Lachen bald vergehen. Ich habe gerade eben meinen alten Legionärskumpel Korndrescher getroffen. Er ist bei der Ari. Korndrescher wiederum war gestern mit ein paar Itakern der *Division Ariete* beim Saufen. Und stellt euch vor, was er herausbekommen hat?"

Die Neugier der Soldaten war geweckt. Aufmerksam beendete jeder seine gerade durchgeführte Tätigkeit.

„Unsere italienischen Waffenbrüder sind genau wie wir in Alarmbereitschaft versetzt worden, aber im Gegensatz zu uns, wissen sie wohin die Reise geht!"

Hitzmann war schnell umringt.

„Plauder schon aus was du weißt!", forderte Gunther Staub. Der Unteroffizier legte den öligen Lappen zur Seite und stand auf. „Oder ist das wieder nur ein Trick, um dich vorm Waffenreinigen zu drücken?"

Hitzmann zwängte sich zwischen an Müller und Simmer vorbei, um direkt zu seinem Gruppenführer zu gelangen. „Gunther, du wirst es nicht glauben aber es sieht ganz danach aus, als würden wir bald auf alte Bekannte treffen."

Staub verzog keine Miene. „Was weißt du genau? Und damit meine ich keine Latrinengerüchte!"

„Die Itaker werden in Richtung Süden aufbrechen und die äußerste alliierte Stellung angreifen. Das ist Bir Hakeim!"

Ein erstauntes Raunen ging durch die Reihen der Kameraden.

„Bir Hakeim?", fragte Staub nach, um sicher zu gehen, dass er sich nicht verhört hatte.

„Du hast mich richtig verstanden."

„Diese Box wird doch von den freien Franzosen gehalten", entfuhr es dem Unteroffizier.

„Genauso habe ich auch geglotzt, als mir Korndrescher das erzählt hat."

„Bei den Franzmännern kämpft die *13. Halbbrigade*. Amilakvari führt die Truppe."

„Das habe ich mit Wiedersehen gemeint."

„Soweit wird es nicht kommen, meine Herren!", übertönte Leutnant Zunders Stimme die heiß diskutierenden Soldaten. Er war in Begleitung von Major Ziegler, dem Bataillonskommandanten.

„Achtung!", rief Unteroffizier Staub und seine Gruppe stand stramm.

„Danke, keine Meldung", winkte der Major ab. „Stehen Sie bequem."

Die Afrikaner lockerten ihre Haltung. Gespannt, was der Bataillonschef zu sagen hatte, schwiegen sie. Wäre das Summen der lästigen Fliegen nicht gewesen, hätte man eine Stecknadel fallen hören.

„Das Regiment hat bewiesen, dass es zu den Besten gehört. Unser heldenhafter Kampf bei Sidi Rezegh ist heute noch in aller Munde, und unser General Rommel hegte nie Zweifel bezüglich unserer Loyalität gegenüber dem Reich."

Hitzmann stieß Simmer an. „Was ist das?", flüsterte er.

„So etwas wie Treue gegenüber dem Vaterland", kam die knappe Antwort. Der Gefreite wollte die Worte von Major Ziegler nicht verpassen und deutete Hitzmann an ruhig zu sein. Hierzu legte er seinen Zeigefinger über die Lippen.

„… nichtsdestotrotz wird die italienische *Division Ariete* die Stellungen bei Bir Hakeim nehmen. Wir umgehen anschließend diesen Außenposten und greifen den Feind von hinten an. Die Gazala-Stellung wird fallen."

Schweigen, fragende Blicke.

Der Major räusperte sich und sprach mit klarer, fester Stimme weiter. „In Bir Hakeim sind unter anderem auch Fremdenlegionäre stationiert", verkündete der ranghohe Offizier, blickte nach diesem Satz in die Augen seiner Soldaten, fand jedoch keine überraschte Reaktion. „Sollten wir in irgendeiner Art und Weise mit ihnen konfrontiert werden, so möchte ich mit aller Deutlichkeit feststellen, dass die Legionäre, die dort kämpfen, egal welcher Herkunft, unsere Feinde sind!"

„Verstanden, Herr Major!", kam es wie aus einem Mund.

„Dann ist es gut", meinte Ziegler und lächelte zufrieden. „Bevor es losgeht noch eine kleine Überraschung. Obwohl wir jeden Moment mit dem Abmarschbefehl rechnen müssen, habe ich es geschafft, für heute Abend eine Kinovorstellung zu organisieren."

„Prima. Darf ich fragen, was gezeigt wird?", konnte sich Hitzmann nicht verkneifen.

„Natürlich ein Ufa-Film mit Hans Albers und Heinz Rühmann. *Der Mann, der Sherlock Holmes war.* Der Film ist zwar schon ein bisschen älter, aber die beiden sind einfach unschlagbar."

„Endlich mal Abwechslung", freute sich Müller.

Der Major setzte seine Runde fort. Bevor ihm Leutnant Zunder folgte, winkte er Staub zu sich. „Das Wichtigste hat der Alte nicht gesagt. Es gibt auch 'ne zusätzliche Ration Rotwein."

„Gibt's Marketenderware?"

Der Zugführer nickte zustimmend, dann eilte er dem Bataillonskommandeur nach.

Die Abwechslung wurde von den Soldaten begrüßt. Im Freilichtkino, dessen Leinwand aus einem großen Leinentuch bestand, das im Wind immer leicht hin und her flatterte, wurde der Ufa-Film gezeigt. Anschließend gingen die Afrikaner zu ihren Zelten. Diskussionen wurden geführt. Hauptthema war die Festung Bir Hakeim und die *13. Halbbrigade* der Legion. Gerüchte waren schnell in die Welt gesetzt. So hieß es u.a., dass jeder, der während der Schlacht zurück zu den Fremdenlegionären ging, ehrenhaft und mit gleichem Dienstrang wieder aufgenommen wurde.

„Mir wird übel", moserte Staub und sprang wütend auf. Der Unteroffizier, der ansonsten eher ein Ruhepol war, regte sich fürchterlich auf. „Ihr glaubt doch selbst nicht, dass jemand, der die Legion vorzeitig verlässt, wieder ehrenvoll aufgenommen wird. Soll ich euch erzählen, was ich für ein Gerücht gehört habe?"

„Was denn?"

„Mir wurde heute, es war gleich nach der Kinovorstellung, berichtet, dass die Legionäre in Bir Hakeim bis zum letzten Tropfen kämpfen werden. Sie möchten ein zweites Camerone schaffen."

Die Afrikaner staunten nicht schlecht, als sie von diesem Gerücht hörten. Nur Müller wusste nicht so recht, was er damit anfangen sollte. „Ich weiß zwar, dass die hölzerne Prothese des damaligen Offiziers, Capitaine Danjou, jedes Jahr am Camerone-Tag präsentiert wird, aber was war denn da genau los?"

„Das kann ich dir sagen", erklärte Staub. „Danjou und 64 seiner Legionäre standen am 30. April 1863 mehr als tausend Mexikanern gegenüber. Sie verschanzten sich auf der mexikanischen Hazienda El Camerone. Die Fremdenlegionäre weigerten sich aufzugeben und kämpften bis zum letzten Mann. Als die Munition verschossen war, kämpften die Männer mit Blankwaffen und am Ende mit den Fäusten. Nur drei Legionäre überlebten das Gefecht. Alle waren schwer verwundet. Dieser aufopferungsvolle Kampfeinsatz wird seit jeher von jedem Legionär erwartet."

Müller schluckte. „Wenn die Männer in Bir Hakeim genauso kämpfen, müssen wir in den Nahkampf gehen."

„Irrtum! Du benimmst dich immer noch wie ein *Blauer*", mischte sich Hitzmann ein. „Die Itaker nehmen Bir Hakeim! Wir gehen nur dran vorbei."

Müller fiel ein Stein von Herzen.

„Außerdem ist es nur ein dummes Gerücht. Das ist alles Quatsch", setzte der Gruppenführer ein Schlusswort. „Woher sollte denn aus einer feindlichen Wüstenstellung irgendeine Information zu uns vordringen?"

Fragende Gesichter.

„Seht ihr! Alles nur Latrinengerüchte. Und jetzt lasst uns den Rotwein niedermachen!"

Kaum ausgesprochen, waren die Weinflaschen entkorkt. Schnell war der Alltag vergessen. Wie schon bei der Fremdenlegion war eine gemütliche Runde am Abend, gekrönt mit ein oder zwei Gläsern Rotwein, der lang herbeigesehnte Tageshöhepunkt.

Die bislang angefallenen Strapazen waren für ein paar Stunden vergessen. Die sonnengebräunten Gesichter konnten lachen und so manche Geschichte aus der Heimat wurde erzählt. Später erklangen Lieder. Wurde anfangs, in Baumholder, noch das eine oder andere Soldatenlied in französischer Sprache gesungen, war dies seit der Wiederkehr nach Afrika nicht mehr der Fall. Stattdessen drang „*Heia, heia Safari!*" aus den Kehlen.

„*... tret ich die letzte Reise, die große Fahrt einst an, auf singt mir diese Weise statt Trauerlieder dann, dass meinem Jägerohre dort vor dem Himmelstore es kling' wie eine Hallali: Heia, heia Safari ...*"

„Nicht schlecht", meinte Gunther Staub, als die letzte Strophe verklang. Der Träger des Eisernen Kreuzes griff zu seinem Becher Rotwein und stand auf. „Kameraden! Ab heute wollen wir keine Legionslieder mehr singen! Es ist endgültig vorbei. Wir werden bald abrücken und vielleicht auf Legionäre treffen, deren Uniform wir einst trugen, deren Leid wir teilten und deren Kameraden wir waren. Doch diesmal werden diese Kameraden möglicherweise auf uns schießen. Sie haben sich gegen uns verschworen, weil wir Deutsche sind und für unser Vaterland kämpfen. Ab heute werden wir nur noch deutsche Lieder singen!"

Die Gruppe klatschte. Der Unteroffizier setzte sich, trank seinen Becher in einem Zug leer und stimmte das nächste Lied an. Es stammte von Hermann Löns, der 1914 bei Reims fiel.

„*Zu Hause auf den Feldern, da liegt der Schnee so weiß. Zu Hause in den Wäldern, da hängt das blanke Eis. Hier fällt nicht Schnee, noch Regen, zu lindern unsre Not ...*"

Jetzt fielen alle mit ein.

„Oh grüner Klee, oh weißer Schnee, oh schöner Soldatentod! So mancher musste sterben, all hier in Afrika, wir wollen nicht verderben, der Tag ist schon so nah. Die Nacht, sie geht zu Ende, der Himmel wird blutig rot, oh grüner Klee, oh weißer Schnee, oh schöner Soldatentod ... "

Foto: Privatarchiv des Autors, PA-DAK-0076-marschierende Soldaten DAK

Zwei Tage später war es soweit. Der Abmarschbefehl wurde gegeben. Leutnant Zunder betätigte, dass die Italiener bereits vor Bir Hakeim lagen und angriffen. „Wenn alles so klappt, wie die Führung es geplant hat, werden wir problemlos an Bir Hakeim vorbeiziehen", sagte der Offizier. „Die Itaker haben mitgeteilt, dass rund um Bir Hakeim große Minenfelder gelegt sind, also passt auf! Und jetzt noch die gute Nachricht!"

Alle Blicke ruhten auf dem Offizier.

„Wäschesack und Waschbeutel können abgegeben werden. Ein Lastwagen steht uns dafür zur Verfügung. Unser Marschgepäck ist damit etwas erleichtert."

Flächenmarsch war angeordnet. Dicke Staubwolken am Horizont verrieten das Vorrücken der Panzerkräfte. Das Gros des *Regiments 361* hingegen musste marschieren. Es waren zu wenige Fahrzeuge vorhanden.

Die Soldaten setzten sich in Bewegung. Die Wüstensonne brannte heiß. Für Gunther Staub war dies ein warnendes Zeichen. Der Unteroffizier zog sein Staubtuch nach oben und machte seine Sandbrille einsatzbereit.

Hitzmann marschierte neben seinem Gruppenführer. „Du denkst, dass es einen Sandsturm gibt?", fragte der ebenfalls erfahrene Wüstenkrieger.

Der Unteroffizier nickte. „Richtig. Sag den Männern, sie sollen sich vorbereiten und darauf gefasst sein."

Während sie weiter Schritt für Schritt durch den glühend heißen Sand marschierten, wurde die Anordnung von Mann zu Mann durchgegeben. Leutnant Zunder bekam es mit und ließ sich auf Höhe von Unteroffizier Staub zurückfallen.

„Wissen Sie etwas, was ich nicht weiß?", fragte er ihn. Dicke Schweißperlen standen auf der Stirn des Offiziers. Unter seinen Achselhöhlen hatten sich längst dunkle Flecken gebildet.

„Ein Khamsin, wie die Araber ihn nennen, kündigt sich immer mit großer Hitze an."

„Khamsin? Meinen Sie einen Ghibli? Einen Sandsturm?"

„Richtig, Herr Leutnant. Große Hitze am Morgen, langsam aufkommender und immer stärker werdender trockener Wind sind die Vorboten eines Sandsturms. Ich habe schon etliche erlebt."

Etwas später hielt das Bataillon an. Winzige Sandkörnchen, die gegen Arme und Wangen geschleudert wurden, wiesen letztendlich darauf hin, dass der Ghibli kurz bevor stand. Als die hochhaushohe Sandwand auf die Soldaten des Deutschen Afrika Korps zuraste, war die Sonne bereits dahinter verschwunden. Der Himmel war grau eingefärbt, ansonsten übertönte das Ockergelb des Sandes alles. Dicht aneinandergedrängt, saßen die Afrikaner am Boden, suchten Deckung hinter den spärlich vorhandenen Last- oder Kübelwagen und versuchten dem Wetterereignis den Rücken zuzudrehen. Geduldig ließen sie den Sturm über sich hinwegbrausen. Glücklicherweise war es nur ein kurzer Ghibli, der so schnell verschwand, wie er aufgetaucht war. Das Grau des Himmels färbte sich anschließend in verschiedene Farbtöne, wobei orange und rot überwogen. Die Sonne drang immer stärker durch und schließlich, mit dem nachlassenden Wind, thronte sie wieder auf ihrem ursprünglichen Platz und legte einen Hitzemantel über das karge, menschenfeindliche Land. Soweit als möglich wurden Uniform und Ausrüstung vom Sand befreit, auf Funktion überprüft, dann ging es weiter. Wieder kam Leutnant Zunder zu Unteroffizier Staub.

„Ich habe mich mit Major Ziegler besprochen. Sie werden mit ihrer Gruppe die Nachhut bilden und unterwegs aufsammeln was liegenbleibt."

Staub nickte. „Zu Befehl!"

„Sie verfügen über einen hervorragenden Instinkt und genügend Erfahrung", bestätigte der Zugführer noch einmal und ging von Gruppe zu Gruppe, um sich zu erkundigen wie der Sandsturm überstanden wurde.

Keine Ausfälle. Es ging weiter. Unterhielten sich die Wüstensoldaten anfangs noch, so herrschte jetzt Schweigen. Jeder Einzelne kämpfte gegen die Naturgewalt Wüste an, konzentrierte sich auf seinen Weg und ging sparsam mit seiner Energie um.

Simmer stieß gegen einen der millionenfach herumliegen Steine, jagte damit ungewollt einen Skorpion aus seinem Versteckt und fluchte laut. „Verdammter Mist! Entweder werden die Steine immer größer, oder meine Kraft lässt nach!"

„Kann nicht sein", keuchte Staub zurück, „wer fluchen kann, ist stark!" Kaum ausgesprochen, verharrte er.

„Ist was los? Warum bleibst du stehen?", wollte Hitzmann sofort wissen.

Die anderen nutzten die kurze Pause zum Trinken.

„Wenn mich meine trüben Augen nicht täuschen, liegt dort rechts hinten ein Lastwagen."

Hitzmann schraubte seine Feldflasche zu und stierte in die Wüste. „Stimmt. Ist ein Itaker."

„Denkst du, was ich denke?"

Hitzmann grübelte. „Wenn die Italiener den alten Spa dort stehen lassen, wird das schon seinen Grund gehabt haben."

„Mag sein, Hitzmann, aber wir kennen die Brüder und ihre Ungeduld zur Genüge. Du bist doch ein erstklassiger Automechaniker. Willst du nicht mal einen Blick drauf werfen?"

„Los Hitzmann. Wenn du die Karre flott kriegst, müssen wir nicht mehr latschen", dröhnte es von hinten.

„Und wenn sie nicht verreckt ist, sondern wegen Spritmangel liegen geblieben sind?"

„Schau es dir doch erst mal an", forderte Simmer den gelernten Automechaniker auf.

„Also gut, aber das kostet euch was!"

„An was denkst du?"

„Mindestens ein Glas Rotwein!"

„In Ordnung. Jeder gibt dir so viel, bis das Glas voll ist."

„Ich dachte an ein Glas von jedem!"

„Hitzmann, entweder so wie ich es gesagt habe, oder wir vergessen die Sache und marschieren weiter!"

Der Hüne kratzte sich am Kopf, wischte den Schweiß von der Stirn und nickte. „Also schön! Ein Glas von allen, aber es muss randvoll sein!"

„In Ordnung."

Die Gruppe schwenkte um und ging schnurstracks zu dem italienischen Lastwagen. Dort angekommen, musterte Hitzmann das alte Militärfahrzeug sorgfältig von außen. Hierzu ging er mit prüfendem Blick um den Lastwagen herum, stieg dann ins Führerhaus und setzte sich hinters Lenkrad. Bereits zwei Minuten später begutachtete der Soldat den Motor und prüfte im Anschluss daran die Tankfüllung. „Sprit ist da. Die Karre ist mindestens noch halbvoll!"

Ein erster Erfolg.

„Und dafür hast du so lange gebraucht?"

„Klappe halten!"

„Steckt der Schlüssel?" fragte jemand.

„Kamerad, das ist ein uralter Spa", donnerte Hitzmann dem fragenden Landser mürrisch entgegen, „Den startet man noch mit der Handkurbel", setzte er demonstrativ nach. Er fühlte sich in diesem Moment als wichtigster Mann bei der Gruppe und verhielt sich dementsprechend.

Als er mit seiner persönlichen Prüfung fertig war, stand der Obergefreite mit einer Handkurbel vor seinen Kameraden. „Jetzt werden wir erst mal probieren, ob das Ding zum Laufen gebracht werden kann. Wer will?"

„Gib schon her", sagte Müller und trat nach vorn. Doch schon nach ein paar Fehlversuchen übernahm Hitzmann die Sache selbst.

„Man braucht schon ein bisschen Saft in den Armen, junger Mann. Dazu muss man schnell sein, denn das Ding hier", er zeigte auf die Kurbel, „kann mächtig zurückstoßen und dir dabei sämtliche Knochen brechen." Hitzmann bückte sich, spuckte in die großen Hände und griff nach der Kurbel. Der Bär von Mann schwang das Gestänge herum und der Motor begann zu stottern, verstummte aber wieder.

„Und? Kriegst du das Ding hin?"

Über Hitzmanns Gesicht verlief ein breites Grinsen. „Ihr könnt den Rotwein schon mal für mich reservieren. Wie es aussieht ist lediglich die Spritzufuhr verstopft."

Freudige Gesichter. Ein fahrbarer Untersatz war in Aussicht, doch während Hitzmann die Benzinschläuche säuberte, viel ihm auf, dass der Kühler leer war. Wütend klopfte er auf die heiße Karosserie. „Verflixt und zugenäht! Kein Tropfen Wasser im Kühler. Die Itaker haben alles Wasser abgelassen und die Kiste stehen lassen.

„Sogar ein Fass Benzin ist hinten auf der Ladefläche. Mindestens 150 Liter sind da noch drin", stellte Simmer fest. Gleichzeitig entdeckte er eine Staubwolke.

„Unser Trinkwasser verwenden wir nicht für die Kühlung! Schade, aber es war den Versuch wert. Lasst uns weitergehen", schlug Staub vor.

„Langsam. Dort hinten kommt was angebraust. Wenn mich meine Augen nicht täuschen, könnte es der erste Teil vom Tross sein", hakte Simmer ein.

Unteroffizier Staub kramte ein Fernglas hervor. „Fangt schon mal zu winken an, Kameraden. Heute ist unser Glückstag! Wenn meine Linsen nicht eine Fata Morgan zeigen, rollt ein Wassertransport auf uns zu!"

Die Landser hielten ihre Kameraden an. Sie hatten tatsächlich das Glück des Tüchtigen, ein Lastwagen mit Wassertank befand sich beim vordersten Teil der Trossfahrzeuge. Schnell wechselten sechs Zigaretten den Besitzer und die Gruppe Staub verfügte über genügend Wasser für den Kühler des italienischen Lastwagens.

Eine letzte Prüfung, dann packte Hitzmann wieder die Kurbel, drehte kräftig und der Motor knatterte los.

„Hurra!"

„Hitzmann ist der Größte!"

Der Landser genoss die Jubelrufe. „Meine Herren, darf ich bitten, die Nachhut ist ab jetzt motorisiert."

Hitzmann lenkte den italienischen Lastwagen selbst. Zwei zusammengeknöpfte Zeltbahnen sorgten für Schatten auf der Ladefläche. Unterwegs gabelte die Gruppe noch zwei fußkranke Kameraden auf. Am späten Nachmittag war das Tagesziel erreicht. Stolz präsentierte Unteroffizier Staub die neue Errungenschaft und durfte den Lastwagen vorerst behalten.

„… zumindest, solange wir die Nachhut stellen und fußkranke Kameraden auflesen", berichtete Staub erleichtert seinen Männern.

Von der üblichen Tagesration Rotwein bekam Hitzmann seine versprochene Sonderration, und die Welt der Afrikaner war für kurze Zeit wieder in Ordnung.

Als der Einsatzraum erreicht war, trat Hauptmann Lindner vor die Kompanie. „Unsere italienischen Waffenbrüder stürmen seit den Morgenstunden gegen die Stellungen von Bir Hakeim, die sich ungefähr 8 Kilometer südwestlich von hier befinden. Die Pioniere der *Division Ariete* haben für uns einen schmalen Streifen durch das Minenfeld frei gelegt. Wir stoßen durch und greifen die vor uns liegende 3. *indische Brigade* an. Noch dürften sie nicht mit einem Angriff aus der Flanke rechnen, denn zur Stunde läuft ein Scheinangriff auf die britische Gazala-Stellung im Norden. Unsere Kompanie wurde mit der Aufklärung beauftragt, der Zug von Leutnant Zunder übernimmt die Spitze."

Gefechtsbereit saßen sie auf dem Lastwagen. Weber hockte ganz vorn. Er war Schütze I am MG 34. Müller, der Schütze II, kauerte daneben. „Wir dachten, wir haben ein Riesenglück mit dem Spa, doch der Schuss ging wohl nach hinten los. Statt mit dem Lastwagen ganz hinten herum zu gondeln und Lahme einzusammeln, sind wir wieder einmal ganz vorn gelandet", stöhnte Hitzmann und kurbelte das Lenkrad herum, um einem größeren Stein auszuweichen.

„Kann es man so oder so sehen. Jedenfalls haben die Itaker ganze Arbeit geleistet. Die Markierungen sind gut sichtbar und stabil angebracht. Das Minenfeld dürfte uns wohl keine Verluste zufügen", kommentierte Unteroffizier Staub, dessen Gruppe mit dem italienischen Spa vornweg fuhr. Der restliche Zug, sowie die sich knapp dahinter befindliche Kompanie, folgte in kurzem Abstand. Immer wieder ließ der Gruppenführer halten und spähte durch sein Fernglas. Je länger die Fahrt dauerte, desto angespannter wurde der Soldat. Jeden

Moment war mit Feindkontakt zu rechnen. Sie hofften in keinen Hinterhalt zu geraten. So lange das Überraschungsmoment bei ihnen lag, waren die Erfolgschancen am größten. Fast mit Erleichterung entdeckte der Unteroffizier die ersten unnatürlichen Erdhügel am Horizont. Sandsackstellungen! Sie waren am Ziel.

Schüsse zerrissen die Stille. Heiße Projektile zischten durch die Luft. Eines von ihnen bohrte sich in die Holzverkleidung der Ladefläche, wuchtete Spreißel zur Seite und blieb stecken.

„Das müssen die Vorposten sein", brüllte Staub. „Weber, Müller! Haut ein paar Feuerstöße aus dem MG und bestreicht das Gelände!"

Das MG 34 knatterte los. Geschmeidig wurde der Gurt durchgezogen. Salve um Salve jagte einem unsichtbaren Feind entgegen. Nach weiteren zwanzig Metern Fahrt ratterte ein feindliches Maschinengewehr los. Hitzmann bremste den Spa schlagartig ab. Das Kommando zum Absitzen musste nicht gegeben werden. Noch bevor der Lastwagen zum endgültig Stehen kam, sprangen die Afrikaner herab und verteilten sich im Gelände. Fieberhaft suchte Unteroffizier Staub nach den Schützenlöchern der Vorposten. Endlich entdeckte er sie. „Auf zwei Uhr! Zweihundertfünfzig Meter!", schrie er seinen am MG liegenden Kameraden zu.

Der Kübelwagen von Leutnant Zunder hielt ein Stück weiter hinten an, die Kompanie rückte langsam auf. Nachrichtenmänner setzten Funksprüche ab und Gunther Staubs Gruppe schoss sich auf das gegnerische MG-Nest ein. Ein metallenes Klacken mit anschließendem Zischen ließ Hitzmanns Kopf herum sausen. Wasserdampf quoll aus dem Motorraum.

„Die Schweine haben meinen Motor kaputt geschossen, denen werde ich es zeigen", stieß er wütend aus und legte mit dem Karabiner an.

Die Sonne brannte gnadenlos auf die Soldaten herab. Der Boden war sandig, die Steine heiß. Endlich lagen Weber und Müller im Ziel. Sie hatten darauf gewartet, dass die gegnerischen MG-Schützen das Feuer für einen Moment einstellten. Entweder zum Rohrwechsel, oder zum Nachladen.

„Jetzt sind wir an der Reihe", keuchte Weber und hämmerte Feuerstoß um Feuerstoß aus dem Rohr. Den indischen Soldaten blieb nichts anderes übrig als die Köpfe unten zu lassen.

Unteroffizier Staub erkannte ebenfalls, dass das indische Maschinengewehr in die Stellung gezogen wurde und vermutete einen

Laufwechsel. „Vorwärts!", brüllte er, sprang auf und stürmte auf die Stellung zu.

Hitzmann, Simmer und die anderen folgten. Lediglich Weber und Müller blieben liegen und gaben mit dem MG 34 weiterhin Feuerschutz. Von der Flanke feuerte jetzt der Gewehrschütze. Ein Landser schrie auf und fiel zu Boden. Mit schmerzverzerrtem Gesicht blieb er verletzt liegen. Zwanzig Meter weiter riss ein zweiter Afrikaner aus Staubs Gruppe die Arme hoch. Dieser war tödlich getroffen worden. Gerade wollte der Inder ein drittes Mal abfeuern, als Maschinenpistolengarben vor seiner Stellung eine Spur zogen. In Sekundenbruchteilen wanderten die Einschüsse in Richtung des Schützen. Die letzten beiden Projektile der Salve bohrten sich in seine Brust. Der indische Soldat fiel vornüber und blieb regungslos liegen. Kurz darauf erreichte Leutnant Zunder die Stellung des gefallenen Feindes.

Unteroffizier Staub bemerkte ein Blitzen. Das grelle Sonnenlicht wurde vom MG der Inder reflektiert. Sie brachten es wieder in Stellung. *Warum schießen Weber und Müller nicht mehr?* Gedanken, die ihn zum sofortigen Handeln zwangen. Im Laufschritt brachte er die Maschinenpistole ins Ziel und drückte ab. Die Luft in seinen Lungen wurde heiß. Seitenstechen stellte sich ein. *Diese erbarmungslose Hitze,* fluchte der Münchner innerlich und überlegte, sich hinzuwerfen um auszuruhen. Der Überlebenswille gepaart mit dem Drang die Stellung zu stürmen, trieben den Gruppenführer jedoch weiter voran. Die abgefeuerten MP-Salven hielten die Inder indessen wieder unten. Deren Maschinengewehr ratterte zwar los, doch der Lauf zeigte nach oben. Die Projektile zischten in das wolkenlose, stahlblaue Himmelszelt.

Hitzmann hatte keuchend aufgeholt und war an Staub vorbeigelaufen. Eine unbändige Wut verlieh ihm Kraft. Brüllend sprang der fast zwei Meter große Soldat über die Sandsackbarriere hinter der die beiden Inder saßen. Mit seinem massigen Körper landete Hitzmann auf den dunkelhäutigen Soldaten und riss sie mitsamt dem Maschinengewehr zu Boden. Einer der Feinde blieb benommen liegen, der andere griff an seine Seite und zog eine Pistole heraus, doch Hitzmann war schneller. Der Kolben seines Karabiners landete krachend an der linken Gesichtshälfte des Inders, der durch die Wucht des Schlages zur Seite fiel. Der Schuss aus der Pistole ging ins Leere. Hitzmann holte zu einem zweiten Schlag aus und verharrte in dieser Stellung. Blut floss aus dem Ohr des Gegners, die halb geöffneten

Augen starrten kalt geradeaus. Bereits der erste Schlag hatte den Feind getötet. Hitzmann lehnte sich zurück und schnaufte tief ein. Dann japste er richtig nach Luft. Sein Brustkorb hob und senkte sich schnell. Schweiß schoss wasserfallartig aus seinen Poren. Gunther Staub sprang in die Stellung, umriss die Situation und klopfte Hitzmann auf die Schulter. „Gut gemacht. Wer weiß, wie viele von uns sie noch erwischt hätten!"

Sie entwaffneten den zweiten MG-Schützen. „Betrachte dich als Kriegsgefangener des Deutschen Afrika Korps", grinste Hitzmann.

Die Kompanie war aufgerückt. Mit ihr rollten auch deutsche Panzer an.

„Wie ein kleiner Sandsturm", meinte Weber und betrachtete die aufgewirbelten Staubfontänen.

Sanitäter eilten über die Kampfstätte und kümmerten sich um den Verwundeten. „Schulterschuss! Er kommt zurück in die Etappe und wird sich die nächsten Tage und Wochen mit Krankenschwestern unterhalten", lächelte einer der Sanis. Der Verwundete bemühte sich ebenfalls um ein Grinsen, doch der Schmerz ließ sich nicht verleugnen.

„Schon gut", beruhigte der Soldat mit der Rot-Kreuz-Binde und wartete auf seinen Träger, damit der Verletzte zurück gebracht werden konnte.

„Vorwärts! Wir müssen weiter", tönte die Stimme von Hauptmann Lindner.

Die Infanteristen folgten den nun vorgezogenen Panzern. „Wir jagen die Inder dorthin, wo sie hergekommen sind!", war voller Euphorie zu hören.

Wumm

Eine Detonation zerstörte aufkeimende Illusionen eines schnellen Erfolgs. Einer der deutschen Panzer war auf eine Tellermine gefahren und hatte eine seiner Ketten verloren. Herumschwirrende Teile verletzten drei Infanteristen.

„Vergesst die Minengefahr nicht!", wurde nun durch die Reihen geplärrt.

„Was sollen wir machen? Stehen bleiben und auf Pioniere warten?", fragte Hitzmann voller Hoffnung.

„Angriffsbefehl ist Angriffsbefehl, mein Freund. Du hast den Hauptmann gehört. Vorwärts!"

Ungeachtet der vergrabenen Gefahr stürmten die Soldaten des Deutschen Afrika Korps weiter.

Während die Panzer an den Flanken ihren Angriff fuhren und auf erste alliierte Panzerkräfte stießen, tauchte vor der Kompanie von Hauptmann Lindner ein Feldlager auf. Die Sicherung bestand aus ein paar Sandsackstellungen und Stacheldrahtverhauen.

Wumm

Die ehemaligen Legionäre warfen sich augenblicklich zu Boden. Splitter und kleine aufgewirbelte Steine surrten gefährlich durch die Luft. Langsam hoben sich die Köpfe der Landser. Simmer erkannte den Gefahrenherd als erstes. „Die haben ′nen Panzer! Unter dem Tarnnetz steht ein Panzer!", rief er lautstark.

Staub riss sofort das Fernglas an seine Augen, ebenso der unweit von ihm in Deckung gegangene Hauptmann Lindner. Schnell fanden beide das gesuchte Objekt. „Es handelt sich um einen älteren Crusader. Der Panzer wurde wohl gerade repariert, oder sie warten auf ein Ersatzteil. Auf jeden Fall fehlt die linke Kette! Die Inder benutzen ihn quasi als Geschütz!"

Hauptmann Lindner fluchte. „Verdammt! Unsere Panzer sind an den Flanken gebunden."

Staub wusste, was jetzt kam. Jemand musste den Panzer knacken. *Ein stehendes Ziel ... zusätzlich von Infanteristen umringt ... das ist ein Himmelfahrtskommando!*

„Haben Sie Nebelhandgranaten dabei?"

„Drei oder vier Stück, Herr Hauptmann!"

Lindner sah erneut durch sein Fernglas. „Wenn wir angreifen, wird uns der Panzer erhebliche Verluste zufügen. Wir können ihn erst ausschalten, wenn wir nah genug dran sind. Und selbst, wenn wir auf Wurfweite herankommen ... es steht immer noch die Infanterie zwischen uns und dem Panzer."

Mit quietschend-blechernem Geräusch drehte sich der Turm des britischen Panzers. Das Rohr spuckte krachend eine Granate aus. Mündungsfeuer waberte, Pulverdampf schwebte in der sengend heißen Luft.

Wumm

Krachend bohrte sich das Geschoss in die Erde. Der Einschlag der Panzergranate lag dicht bei Gunther Staubs Gruppe. Bei unveränderter Lage, würde eine der nächsten Granaten unweigerlich Opfer fordern.

„Bevor er uns vollends zerfetzt, greifen wir an."

„Herr Hauptmann, ich mache es!"; überwand sich Staub. Er wusste nicht, ob es Mut oder Verzweiflung war, die ihn zu dieser Entscheidung trieb. Vermutlich etwas von beidem.

„Sehr gut, Unteroffizier. Während Sie sich mit ihren Männern von dort drüben nach vorn kämpfen, werde ich einen Angriff auf der anderen Seite führen. Der Panzer wird uns unter Feuer nehmen, also wäre ich dankbar, wenn Sie sich etwas beeilen würden."

Beide wechselten ihre Stellungen, um den geplanten Vorstoß durchzuführen. Der Gruppenführer bestaunte den Schneid seines Kompanieführers. Entgegen den Offizieren, die Staub bei der Fremdenlegion kennengelernt hatte, führte Hauptmann Lindner seine Soldaten von vorn. Das brachte ihm höchsten Respekt ein. Viele der Legionäre waren der Meinung, dass dieser Offizier das Ritterkreuz zu Recht trug.

Als die Kompanie nur losstürmte, zog sie das feindliche Abwehrfeuer auf sich. Staub beobachtete den Panzer und wartete wie befohlen ab. Tatsächlich drehte sich der Turm des Panzers erneut. *Jetzt oder nie!* So schnell sie konnten, rannten Unteroffizier Staub und seine Gruppe auf das gegnerische Wüstenlager zu. Zu ihrem Erstaunen wurde nicht geschossen. Schnell waren die Drahtverhaue erreicht. Adrenalin pur durchströmte die Adern der Afrikaner, während sie den Stacheldraht durchzwickten und sich hindurch robbten. Die Situation wurde immer eindeutiger.

„Es handelt sich um ein schwach besetztes Nachschublager."

Die britische Panzerbesatzung hatte es wohl mit ihrem defekten Kampfwagen gerade noch bis zu dem Depot geschafft und wartete hier auf Ersatzteile oder Abholung.

Gerade in dem Moment, als die Nebelhandgranaten zum Wurf bereit gelegt wurden und Unteroffizier Staub eine geballte Ladung fertig machte, schwächte das Feuer ab. Der Panzer feuerte nicht mehr. Beim Feind schien pure Hektik ausgebrochen zu sein. Soldaten rannten wild herum. Die Luke des Stahlkolosses wurde aufgestoßen. Die Panzermänner booteten aus.

„Mich laust der Affe! Was ist jetzt los?"

„Die haben keine Munition mehr", freute sich Simmer.

„Die wollen abhauen!", brüllte Hitzmann und deutete auf ein paar Fahrzeuge, die abseits des Crusaders unter Tarnnetzen standen.

„Dann wollen wir das mal verhindern", entschied Staub und eröffnete das Feuer. Die Projektile seiner MP-Salve jagten über die

Köpfe der flüchtenden Soldaten hinweg. „Halt! Stehenbleiben!", wurde gebrüllt. Erste Inder gaben auf und blieben, die Hände hebend, stehen. Weber war mit dem MG in Stellung gegangen und visierte ebenfalls auf den offensichtlich geschlagenen Gegner. Der rechte Zeigefinger des Schützen lag am Abzug, bereit sich sofort zu krümmen, falls dies eine Finte war.

Als auch die restlichen indischen Soldaten erkannten, dass sie sich den Weg zu den Fahrzeugen erst freikämpfen mussten, hoben sie ebenfalls die Arme. Ihre Lage war aussichtslos. Nach und nach wurde das Feuer komplett eingestellt. Der Feind hatte sich ergeben.

Die Sanitäter des Deutschen Afrika Korps versorgten die Verletzten beider Seiten, während Hauptmann Lindner zufrieden das indische Treibstoff- und Wasserdepot inspizierte. Als festgestellt wurde, dass alles zur Sprengung vorbereitet worden war, hob sich die Stimmung des Offiziers noch einmal erheblich.

„Staub, Sie haben ihre Sache sehr gut gemacht. Durch ihren Vorstoß mit dem Ziel den Crusader zu vernichten, gelang es die Flucht des Gegners und die damit verbundene Sprengung von kriegswichtigem Material zu verhindern", lobte er die gesamte Gruppe des Unteroffiziers.

Aufgrund der guten Leistung durfte der Zug von Leutnant Zunder als Sicherung zurück bleiben, während Hauptmann Lindner mit der restlichen Kompanie weiter vorrückte.

Der Angriff *DAK* war ein voller Erfolg. Die *britische 7. mot. Brigade* und die *indische 3. mot. Brigade* mussten herbe Verluste einstecken und sich zurückziehen. Mehr als 600 alliierte Soldaten gerieten in Gefangenschaft, zahlreiche Versorgungslager wurden entdeckt und übernommen.

Foto: Privatarchiv des Autors, PA-DAK-0077- Depot in der Wüste

Lediglich vor El Adem stieß die *Kampfgruppe Marcks* (*90. leichte Afrika Division*) auf starke feindliche Kräfte und wurde eingeschlossen. Erst Entsatzkräften gelang es den Ring zu sprengen und den Gegner wieder zurück zu drängen, jedoch wurde El Adem von den Briten gehalten.

Ebenso stieß die italienische *Division Ariete* am südlichen Frontabschnitt bei Bir Hakeim auf erbitterten Widerstand und wurde permanent abgewiesen.

Nach den heftigen Kämpfen um El Adem, wurde das *Regiment 361* weiter nach Süden verlegt. Minenfelder mussten geräumt werden, damit die restliche Division gefahrlos nachrücken konnte. Dank der Beutefahrzeuge und genügend Benzin, war ein gutes Drittel der Infanteristen nun motorisiert.

Auch die Gruppe von Unteroffizier Gunther Staub saß auf einem britischen Lastwagen. Mit Pinsel und Farbe waren Balkenkreuze an die Seiten und auf das Dach des Führerhauses gemalt worden. Die Nacht war dunkel und eisig kalt. Tarnlicht war angeschaltet. Unteroffizier Staub saß entspannt auf dem Beifahrersitz und zog ein Päckchen Tabak aus einer Tasche. Gewandt hielt er ein Stück Zigarettenpapier in der Hand, ließ die richtige Menge Tabak hineinfallen und rollte alles zu einer wohlgeformten Zigarette. Mit der Zungenspitze befeuchtete er das Papier, es folgte ein letzter Dreh, dann begutachtete der Münchner stolz sein Werk. Kurz darauf steckte der Glimmstängel locker im rechten Mundwinkel des Unteroffiziers. Erst nach der zweiten Inhalation nahm er die Zigarette in die Hand. Genussvoll pustete er den Rauch aus. Der blaue Dunst schwebte kräuselnd zur Decke des Führerhauses. Hitzmann, der es sich nicht nehmen ließ und wieder hinter dem Lenkrad saß, öffnete sein Fenster ein Stück. Durch den Spalt strömte kühler Fahrtwind ins Führerhaus.

„Ob die Jungs auf der Ladefläche frieren?"

Staub blickte nach hinten, konnte aber nichts erkennen. „Ich glaube, die Kerle liegen in ihren Zeltbahnen und pennen."

Die roten Rücklichter der vorderen Lastwagen leuchteten auf. Erst waren sie klein, dann wurden sie immer größer.

„Die haben angehalten", sagte Hitzmann und verlangsamte die Fahrt. Ein paar Minuten später blieb er hinter seinem Vordermann stehen. Staub stieg aus. Ein schneller Blick über seine Schulter und er erkannte im Augenwinkel, dass er Recht hatte. Die anderen Afrikaner lagen auf der Ladefläche und schliefen. Selbst jetzt, als sie angehalten hatten, ließen sich die Landser nicht stören. Die Türen der Lastwagen standen offen. Sämtliche Fahrer und Beifahrer hatten eine Gruppe gebildet und standen zusammen, Leutnant Zunder in ihrer Mitte. Staub ging nach vorn und gesellte sich dazu. Als kurz darauf Unteroffizier Schneider hinzukam, waren sie komplett. Erst jetzt berichtete Zunder, warum er die Kolonne anhalten ließ.

„Eine unserer Ari-Abteilungen ist beim Vorrücken auf Tommys gestoßen, andere Kameraden unserer Einheit sind in ein, uns bisher nicht bekanntes, Minenfeld geraten. Aus diesem Grund müssen wir extrem vorsichtig weiterfahren. Wenn die Karte und die Angaben unserer Waffenbrüder stimmen, durchqueren wir einen geräumten Minengürtel und müssten eigentlich ohne Feindkontakt zu unserem Zielort kommen."

„Ich hoffe, man kann sich auf die Itaker verlassen", murmelte einer der Unteroffiziere.

Leutnant Zunder sprach allerdings weiter, ohne den Kommentar zu registrieren. „Unser Ziel liegt ungefähr 5 km von den Stellungen der *Division Ariete* entfernt. Jetzt ist es kurz vor Mitternacht. Ich schätze, dass wir in drei Stunden dort angekommen sind. Der Feind schläft nicht und aus diesem Grund werden wir sofort nach Ankunft damit anfangen, uns einzuigeln. Fragen?"

Niemand meldete sich.

„Abmarsch!"

Zurück am Lastwagen, waren die Neuigkeiten schnell weitererzählt. Hitzmann fluchte über den bevorstehenden Stellungsbau und legte den ersten Gang ein. „Immer der gleiche Schmarrn. Kaum sind wir irgendwo angekommen, heißt es Spaten und Schaufel raus, Stellungen ausheben, Sandsäcke füllen. Sind wir dann fertig, geht es weiter und die ganze Arbeit war umsonst!"

„Beruhige dich, Hitzmann, es trifft alle, nicht nur uns", war Staubs einziger Kommentar.

Ein kräftiger Ruck katapultierte ihn unsanft aus seinem Sitz. Von der Ladefläche drangen Flüche ins Führerhaus. Hitzmann war über einen großen Stein gefahren.

„Tut mir leid, aber bei der Dunkelheit habe ich das Teil nicht gesehen", entschuldigte sich der Mann hinterm Lenkrad. „Gunther, ich glaube du musst raus. Schau dir mal die Lichter unserer Vordermänner an. Sie kurven kreuz und quer. Du musst mir unbedingt die Richtung angeben, damit ich den größeren Steinen ausweichen kann. Ansonsten kann ich keine Garantie dafür übernehmen, dass uns nicht die Achse unter dem Allerwertesten wegbricht und wir auf Schusters Rappen weiterlatschen müssen."

Der Gruppenführer war absolut nicht begeistert, wusste aber um die Wichtigkeit der Bitte seines Fahrers. „Wenn es unbedingt sein muss", knurrte Staub, „gehe für 'ne halbe Stunde auf den Kotflügel, dann wechseln wir durch."

Dank der Kotflügel-Männer verlief die restliche Fahrt ohne besondere Vorkommnisse. Sämtlichen Hindernissen konnte ausgewichen werden. Im Bereitstellungsraum wurden eilig Zelte aufgebaut.

Noch in den frühen Morgenstunden ging die Vorausabteilung des *Regiments 361* in Stellung. Die Lastwagen standen im Bereitstellungsraum unter Tarnnetzen, Vorposten lagen in ihren Schützenlöchern und der Lagerplatz war mit MG-Nestern, die sich hinter Sandsäcken und geschlichteten Steinwänden verbarrikadiert hatten, nach allen Seiten gesichert.

Foto: Privatarchiv des Autors,
PA-DAK-0075-Afrika - Zeltaufbau

„Zum Waschen haben wir kein Wasser, aber es gibt frischen
Kaffee", donnerte die Stimme des Zug-Sanitäters durch das Lager.
Scheinbar bestens gelaunt, marschierte Obergefreiter Geiger an
Unteroffizier Staubs Zelt vorbei. „Kommst du mit, Gunther?", fragte
der kleine Schwabe, dessen Rot-Kreuz-Zeichen immer locker hin und
her rutschte.

„Menschenskind, Geiger. Wie kann man nach so einer
erbärmlichen Nacht noch so gut gelaunt sein?", konterte Staub und
begleitete den Sani.

Die Kompanie war komplett, und die Feldküche hatte ihre
Tätigkeit aufgenommen. Unter einem großen Sonnensegel wurde die

Verpflegung ausgegeben. Es gab Kaffee, Kommissbrot und Dauerwurst.

Foto: Privatarchiv des Autors, PA-DAK-0068- Zeltlager in Afrika-1942

Geiger und Staub waren unter den ersten Afrikanern, die ihre Verpflegung empfingen. Etwas abseits der Essensausgabe, aber noch unterm Sonnensegel, setzten sich beide auf herumliegende Sandsäcke. Aus den Bechern dampfte heißer Kaffee. Gunther Staub hob vorsichtig den Becher an den Mund und nippte. Er befand die Temperatur für angenehm und nahm einen großen Schluck, um kurz darauf seine Miene zu verziehen. „O Mann, o Mann", schimpfte er, „heute schmeckt die Brühe aber besonders salzig."

„Immer noch besser, als lauwarmes Wasser", konterte der Sani und nahm ebenfalls einen beachtlichen Schluck des Kaffee. Dann steckte er sich eine Zigarette an.

„Bei dieser Gluthitze wäre mir ein eiskaltes Bier lieber, als heißer Kaffee", bemerkte Unteroffizier Staub, zog seinen Tabak aus der Hosentasche und wollte sich gerade eine Zigarette drehen, als ihm Geiger eine Packung Filterzigaretten vor die Nase hielt.

„Will du mal ´ne Aktive?"

Sofort verschwand Staubs Tabakbeutel in der Hose, und der Landser nahm das Angebot seines Kameraden dankend an. Gemeinsam genossen sie Kaffee und Zigaretten.

„Du solltest dir das Bein von unserem Jüngsten noch einmal ansehen."

„Von Müller? Der vorgestern Bekanntschaft mit Kameldorn gemacht hat?"

„Richtig! Ich habe vorhin gesehen, wie er den Verband abnahm und die Wunde betrachtete. Hat mir gar nicht gefallen. Ich glaube das Ding hat sich entzündet."

„Was du da erzählst gefällt mir gar nicht. Wenn das eingetroffen ist, was ich vermute, muss er zurück. Die Wunden bilden oftmals Geschwüre, die handtellergroß werden können. Das Bein braucht Schonung. Unser Stabsarzt legt da schon mal gern einen Gipsverband an."

Staub machte einen letzten Zug, dann warf er den Zigarettenstummel auf den Boden und trat ihn aus. „Komm mit. Ich möchte, dass du dich gleich darum kümmerst."

Gemeinsam stapften sie zu Müller. Kurz darauf bestätigte sich die Vermutung des Sanitäters. Skeptisch blickte Geiger auf die schwer entzündete Haut. Müllers Wunde hatte sich zum Geschwür entwickelt. „Du kannst mit vier Wochen Heilungszeit rechnen, Kamerad", sagte der Sani, schmierte eine Salbe auf die Wunde und legte einen neuen Verband an. „Ich werde mich um den Rücktransport kümmern."

„Solange sie mir das Bein nicht abnehmen", lächelte der Verletzte schwermütig und verzog seine Mundwinkel zu einem gequälten Grinsen.

„Keine Sorge, Kamerad", beruhigte ihn der Sanitäter, „so schlimm ist es auch wieder nicht. Der Kameldornkratzer reicht nicht für die Heimatfront, du wirst wohl oder übel schon wieder zu uns zurückkommen müssen."

Jetzt sah das Grinsen von Müller schon glücklicher aus. „Na wenn das so ist, dann freue ich mich mal auf ein paar Tage Ruhe."

„Antreten!", hallte es durch das Lager.

„Du bleibst liegen, ich melde dich krank", sagte Gunther Staub zu Müller, dann scheuchte er seine Gruppe zum provisorischen Antreteplatz.

Leutnant Zunder trat vor den Zug. „Ich weiß, wir sind von der Nachtfahrt alle etwas mitgenommen, aber es hilft nichts. Um unseren Nachschub zu sichern, müssen wir …"

Motorenlärm war zu hören.

„Das sind Flugzeuge!", rief jemand.

Alle Blicke gingen zum Himmel.

„Fliegeralarm!", hallte es laut, zugleich stoben die Afrikaner auseinander und suchten Deckung.

Eine Rotte britischer Jagdflieger setzte zum Angriff an. Zwei oder drei Bomben schlugen ein.

Wumm

Die Detonationen waren laut. Dreck, Sand und kleine Steine wurden durch die Luft geschleudert. Folgeexplosionen blieben jedoch aus. Das Rattern der Bordmaschinengewehre war zu hören. Die Projektile schlugen Fontänen bildend hart in den Wüstensand.

„Runter!", schrie Simmer, der statt Müller als Schütze II neben Weber hinter den Sandsäcken am MG 34 lag.

Sofort duckte sich Weber und die Garbe eines Jagdfliegermaschinengewehrs bohrte sich dumpf in die Sandsäcke. Fast gleichzeitig huschte der Schatten einer britischen Spitfire über den deutschen Soldaten hinweg. Geistesgegenwärtig drehte sich Weber um, presste den Kolben des Maschinengewehrs gegen seine Wange, visierte das Flugzeug an und jagte ein paar Salven aus seiner Waffe, ohne jedoch Wirkung zu erzielen.

So schnell der Spuk begann, so schnell war er wieder vorüber.

„Sani!", brüllte jemand und zog den Ruf nach Hilfe in die Länge. „Saaaaniiii!"

Geiger sprang auf, verschaffte sich kurz Übersicht, packte seine Sanitätstasche und rannte los. Ein Kamerad aus der zweiten Gruppe lag schwer verletzt am Boden. Blut sickerte in die trockene Erde. Schweres Atmen, leises Wimmern. Schnell schnitt der Sanitätsobergefreite das Tropenhemd des Verletzten auf, doch die großen Blutflecke auf dem Rücken bestätigten nur, was der Samariter in Uniform längst ahnte. Der Soldat war tödlich verwundet. Geiger griff in die Sanitätstasche und suchte das schmerzbefreiende Morphium. Noch bevor er es in den Händen hielt, verstummte das Wimmern.

„Er hat es überstanden", sagte jemand.

Geiger stand auf und eilte zum nächsten Opfer.

Als Leutnant Zunder aufstand und sich den Schmutz aus der Uniform klopfte, sah er den Gefallenen. Er lag nicht weit weg von ihm. *Das Schicksal hat mich dieses Mal verschont.*

Er ging zu dem Toten und brach dessen Hundemarke ab. Der Offizier steckte sie in seine Brusttasche und murmelte dabei: „Verdammter Mist! Dieser elende Krieg!", dabei schluckte Zunder merklich. Sein Adamsapfel wanderte rauf und runter.

Weitere Ausfälle gab es nicht. Geiger verarztete zwei leichtere Blessuren, dann war der erste Schock überstanden. Der Offizier räusperte sich, dann befahl er laut: „Antreten!"

Die Wüstenkrieger stellten sich abermals in Formation auf. Immer wieder huschten Blicke über ihre Schultern. Alle wollten sehen wen es erwischt hatte.

„Wir werden unseren Kameraden Schlehhorn heute in allen Ehren beerdigen. Er soll nicht umsonst gestorben sein. Männer, ab morgen müssen wir unseren italienischen Waffenbrüdern beim Minenräumen helfen. Weiterhin hat sich herausgestellt, dass der Brite mit enormen Panzerkräften unsere Nachschubwege abgeschnitten hat. Teilt euch alles was ihr habt gut ein. Eine Batterie unserer Regimentsartillerie ist zu uns unterwegs. Sollten die Tommys wieder mit ihren Flugzeugen angreifen, werden wir uns demnächst wehren können. Heute Morgen wurde ebenfalls gemeldet, dass die *Division Ariete* erneut von den *freien Franzosen* bei Bir Hakeim abgewiesen wurde. Sobald die Situation bei El Adem bereinigt ist, wird unsere Division nachrücken und wir werden wie geplant Bir Hakeim umgehen, das bis dahin hoffentlich durch die Italiener eingenommen wurde. Jetzt, während der größten Mittagshitze, ruhen wir uns zwei aus, anschließend findet die Beerdigung statt, danach gibt es noch genügend Schanzarbeiten auszuführen. Wie wichtig das ist, haben wir vorhin miterlebt. Danke, wegtreten!"

Zur Beerdigung des gefallenen Kameraden hatten sich alle herausgeputzt. Die Uniformen waren von Sand und Schmutz gereinigt, die Stiefel glänzten in der Sonne. Jeder wollte dem Toten seinen Respekt erweisen. Zwei Mann aus der Gruppe des Gefallenen hatten mühsam ein Grab ausgehoben. Leutnant Zunder sprach ein paar Worte. Später nahm er die persönlichen Gegenstände des toten Soldaten entgegen und schickte sie zusammen mit einem Brief an die Angehörigen zurück nach Deutschland.

Am Abend waren wieder Flugzeugmotoren zu hören. Diesmal kamen sie jedoch aus einer anderen Richtung. Schon von weitem waren die Knickflügel der Stukas erkennbar.

„Ja!", jubilierten einige der Landser.

„Zeigt es den Tommys!"

„Diesmal klingt der Propellerlärm ganz angenehm", meinte auch Hitzmann. Er sah, wie viele seine Kameraden auch, in den wolkenfreien Himmel. Ihm war, als grüßte einer der Piloten, indem dieser mit den Tragflächen der Maschine wackelte, und so winkte er zurück. „Für Schlehhorn", presste er dabei aus. Der Lärm der Flugzeugmotoren wurde leiser und kurz darauf waren die Stukas nur noch kleine Punkte am heißen Himmel Afrikas.

Die Schanzarbeiten waren erledigt. Mitten in der Wüste war eine befestigte Stellung entstanden. Um die Benzinfässer war eine Mauer aus Sandsäcken und Steinen gezogen worden. Ein MG war zur Luftüberwachung auf einer entsprechenden Lafette montiert. Alles in allem zeigte sich Zunder zufrieden.

Mit Einbruch der Dunkelheit rollte ein Sanitätsfahrzeug ins Lager. Müller wurde abgeholt. Sein Bein schmerzte stark und man sah dem Afrikaner die Erleichterung an, als er, gestützt vom Sanitäter, zum Sanka humpelte. „Wir sehen uns in ein paar Wochen wieder", rief er Gunther Staub und dessen Gruppe zu, dann wurde die Tür geschlossen und der Krankentransporter fuhr ab.

„Fährt er jetzt allein zurück? Etwa bis nach Derna?", fragte Weber neugierig nach.

Geiger, lachte. „Ha, ha. Nein, natürlich nicht. Sie bringen ihn zum Hauptverbandsplatz. Der Stabsarzt wird sich die Wunde ansehen und von dort aus wird Müller wahrscheinlich mit einem Sammeltransport ins Lazarett kommen. Möglicherweise nach Derna."

„Dann ist´s ja gut", entgegnete Weber, der sich offensichtlich um seinen Kameraden sorgte.

Die Nacht war stürmisch und kalt.

„Als ob der Tod mitteilt, dass er morgen wieder bei uns vorbeischaut", murmelte Staub, zog seine Decke hoch bis zum Kinn und schlief ein.

Am nächsten Morgen war es soweit. Antreten und abrücken zum Minenräumen. Von weitem waren tosende Explosionen zu hören. Ferner Artilleriebeschuss! Ein Zeichen heftiger Kämpfe. Am Minenfeld angekommen, gingen sie in Reihe und im Entenmarsch über das flache Land. Der Abstand von Mann zu Mann betrug gut einen Meter. Leutnant Zunder hatte bekannt gegeben, dass sie nur am Rand des verminten Geländes eingesetzt sind. Die Italiener und die Regimentspioniere sind mit Minenräumgerät im Hauptteil unterwegs. Die Frage, weshalb auch diese Nebenstrecke geräumt werden musste, beantwortete Leutnant Zunder damit, dass es die letzen Kilometer zu ihrem Lager seien und der Nachschub so eine Abkürzung nehmen könnte.

„Das gleiche gilt für den Rücktransport eventueller Schwerverwundeter."

Dieser Hinweis genügte den Männern. Behutsam und mit höchster Konzentration gingen die ehemaligen Fremdenlegionäre an ihr Werk. Die Schusswaffen waren umgehängt. Mit dem Bajonett in der Hand stocherten sie vorsichtig in die Erde, um dann wieder einen Fußbreit vorzugehen. Mit Adleraugen beobachteten die Soldaten des *DAK* den Boden. Jede Kleinigkeit wurde genau betrachtet, jeder der spärlich wachsenden Grashalm umgeknickt und jede Bodenwölbung untersucht. *Liegt der Stein schief? War da nicht ein Zündstift? Sieht die Erde umgegraben aus?* Ein Nervenspiel für jeden, der in der Reihe ging. Obwohl die ersten 500 Meter ohne Minenfund zurückgelegt waren, ließ die Aufmerksamkeit der Männer nicht nach. Die Sonne kletterte immer höher und das Minensuchen wurde zur Strapaze.

„Diese verdammte Hitze!", schimpfte Simmer und stieß sein Bajonett vorsichtig in die Erde. Nichts. Er zog den Stahl heraus und ließ ihn dreißig Zentimeter weiter vorn erneut im trockenen Wüstenboden verschwinden. Diesmal spürte er etwas. Sein Herz begann schneller zu klopfen. Der Gefreite zog das Bajonett nur einen Zentimeter nach oben und ließ die Klinge wieder in den Boden gleiten.

Kling

Widerstand! Das Geräusch ließ keinen Zweifel zu. Das war kein Stein. Trotz der Hitze bekam Simmer für einen kurzen Augenblick Gänsehaut.

„Metall! Ich bin auf etwas Metallenes gestoßen", rief er laut.

Sofort kam Unteroffizier Staub zu ihm gelaufen. Beide knieten sich ab und schoben vorsichtig mit der Hand Erde und Sand beiseite. Eine Tellermine kam zum Vorschein.

„Hier ist das gute Stück", bestätigte Staub, markierte die Stelle mit einem Fähnchen und beruhigte mit seiner besonnenen Art seinen aufgeregten Nebenmann.

„Sollen wir sie gleich entschärfen?", wollte Simmer sichtlich erleichtert wissen.

Staub schüttelte den Kopf. „Könnten wir zwar, aber Leutnant Zunder hat ausdrücklich befohlen, dass wir nur markieren. Er hat sich geweigert, als es hieß, dass wir die Minen auch entschärfen sollen. Zunder sagte zum Alten, dass das reine Pionierarbeit ist und er seine Leute nicht unnötig gefährden möchte. Der Alte ließ das Argument gelten. Morgen rücken die Pioniere an und kümmern sich ums Entschärfen."

„Hoffentlich kommt kein Sandsturm und pustet die Fähnchen weg. Noch einmal werde ich den Mist nicht machen", knurrte Simmer, stand auf und ging weiter.

Nach dem Fund der ersten Mine ging es Schlag auf Schlag. Bis zum späten Nachmittag steckten 47 Fähnchen im Wüstenboden. Die vorgegebene Strecke war markiert, die Pioniere konnten anrücken und eine Gasse freilegen, die breit genug war, dass zwei Lastwagen problemlos im Begegnungsverkehr aneinander vorbeifahren konnten. Über Funk erfuhren die Soldaten des *IR 361*, dass auch die benachbarten Italiener ein ihnen zugewiesenes Minenfeld geräumt hatten. Der Weg für den Nachschub war nun definitiv minenfrei.

Tags darauf überhäuften sich die Meldungen. Die Nachrichtenmänner hatten alle Hände voll zu tun. Funkspruch über Funkspruch ging ein. Gerade eben hatte der Kompaniechef Hauptmann Lindner seinen Zugführern mitgeteilt, dass die Engländer mit starken Panzerkräften die deutsche Nachschublinie unterbrochen hätten, schon trudelte die nächste Mitteilung herein. Der Nachrichtenunteroffizier war diesmal sichtlich besser gelaunt, als beim letzten Funkspruch.

„Sie haben sie wieder zurückgedrängt", plärrte der Nachrichtenmann Lindner entgegen, während er im Laufschritt auf das Zelt des Offiziers zulief. „Unsere Panzermänner haben ganze Arbeit geleistet, Herr Hauptmann. Die Nachschublinie ist wieder frei."

„Dann rollt hoffentlich in diesem Moment eine Kolonne mit Wasser los."

„Eine Rasur wäre auch mal wieder angebracht", war Zunders Kommentar. Gleichzeitig fuhr er mit den Fingern über seine Bartstoppeln. „Die Biester fangen an zu jucken."

„Ein Melder", drang es ins Zelt, in dem der Kompaniegefechtsstand untergebracht war.

Hauptmann Lindner stand auf und trat ins Freie. Sofort spürte er die pralle Sonne auf der Haut. Er krempelte die Ärmel seiner Tropenbluse herunter und sah der sich schnell nähernden Staubwolke entgegen. Ein Kradfahrer steuerte direkt auf ihn zu. Der Melder hielt an und schaltete den knatterten Motor einer DKW ab. Von oben bis unten voller Staub, schob er die Motorradbrille nach oben.

„Juten Tag, Herr Hauptmann", krächzte der Melder mit Berliner Dialekt, „ick hab hier wat für Sie. Oberste Eiligkeit! Der Chef kommt ooch nach vorn!"

Der Kompanieführer beäugte den Kradfahrer skeptisch, nahm die Meldung entgegen und konnte es sich nicht verkneifen, eine Frage zu stellen. „Haben Sie schon mal was von einem militärischen Gruß und einer ordentlichen Meldung gehört?"

„Da bitt´ ich Sie vielmals um Entschuldijung, Herr Hauptmann, aber meine Kehle ist mindestens so trocken, wie die Sahara. Ick muss mir beeilen, sonst krieg ich keen Ton mehr raus."

Lindner gefiel der höflich-freche Ton des Melders. „Und wen meinen Sie mit Chef?"

„Na wen denn wohl, Herr Hauptmann. Ick mein den Rommel persönlich."

Ein Ruck ging durch die Glieder des Kompanieführers. Generalfeldmarschall Rommel soll hierher kommen? Das hatte nichts Gutes zu bedeuten.

Der Melder legte eine Hand zum militärischen Gruß an, doch Lindner hatte sich bereits weggedreht und war wortlos zurück ins Zelt gegangen.

„Na, da werd´ mal eener Schlau. Erst soll ick militärisch grüßen, dann isser weg." Der Kradmelder zog die Brille wieder nach unten, startete die DKW und brauste wieder davon.

Im Zelt riss Lindner die Meldung auf, doch bevor er sie lesen konnte, wurde er ans Funkgerät gerufen. „Der Bataillonsführer", flüsterte der Nachrichtenmann.

„Hauptmann Lindner", meldete sich der Kompanieführer.

Ohne Umschweife wurden Anweisungen durchgegeben und Lindner bellte am Ende ein „Jawoll!" ins Funkgerät. Danach stand er auf und las die Meldung. Als er sie gelesen hatte, stellte er sich vor seine anwesenden Zugführer.

„Meine Herren, wir stehen vor einer neuen Aufgabe", begann der Kompanieführer seine Ansprache. „Die Situation hat sich zugespitzt. Fangen wir mal damit an, dass General Rommel zu uns unterwegs ist. Er möchte sich ein Bild von der Lage machen. Die Männer sollen alle Posten besetzen und auf ihr Äußeres achten. Ich möchte keinen Grund zur Klage hören."

„Alle Posten sind besetzt", wurde sofort eingeworfen.

„Gut! Dann in Kürze. Die Italiener rennen seit Tagen gegen Bir Hakeim an und werden jedes Mal abgewiesen. Wir haben den Befehl erhalten, die Wüstenfestung von Süden her anzugreifen. Die Regimentsartillerie ist bereits auf dem Weg zu uns und wird uns beim Angriff unterstützen. Morgen früh 6.00 Uhr starten unsere Stukas, um 7.00 Uhr donnern die Geschütze los und um 7.30 Uhr greifen wir an."

Erstaunte Gesichter. Wie würden die Soldaten reagieren? Bir Hakeim wurde schließlich unter anderem von den Legionären der *13. Halbbrigade* verteidigt. Möglicherweise befanden sich ehemalige Kameraden aus der Fremdenlegionszeit unter ihnen. Würden bei den Landsern Interessenkonflikte auftreten? Diese und weitere Fragen wurden durchdiskutiert.

„Für meine Männer verbürge ich mich", sagte Leutnant Zunder entschlossen. „Ich führte schon mehrere Züge, aber die ehemaligen Fremdenlegionäre sind allesamt erstklassige Soldaten, die ich mit keiner anderen Einheit meiner vorangegangenen Kommandos tauschen möchte."

Die andern Zugführer stimmten mit Zunder überein.

„Ich denke das gleiche über meine Soldaten."

„Ich ebenso."

Linder nickte zufrieden. „Dann lassen Sie uns das Kartenmaterial ansehen. Aber Beeilung. Ich muss in einer Stunde zum Bataillonsgefechtsstand verlegen. Wenn ich zurück komme, gebe ich weitere Instruktionen. Bis dahin möchte ich, dass die Ausrüstung überprüft wird."

Der Kompaniechef suchte den Spieß. Dieser saß vor dem Zelt und hakte irgendwelche Listen ab.

„Schnäblein!"

„Hier, Herr Hauptmann", sprang der Spieß auf und kam ins Zelt.

„Haben wir noch Marketenderware?"

„Nicht viel, aber ein bisschen ist noch da."

„Egal was es ist, lassen Sie es an die Leute ausgeben! Alles! Aber zuvor wird die Ausrüstung auf Vordermann gebracht! Die Unteroffiziere haben alles persönlich zu kontrollieren und den Offizieren zu melden."

„Zu Befehl, Herr Hauptmann."

„Jetzt musst du aber das letzte Sandkorn erwischt haben", stieß Hitzmann aus und meinte damit Simmer, der mit dem öligen Lappen zum x-ten Mal über den Verschluss seines Karabiners fuhr. Der Gefreite legte den Lappen zur Seite, hob den Verschluss hoch und beäugte ihn kritisch. „Ich habe keine Lust auf Ladehemmung. Wenn es drauf ankommt, muss meine Soldatenbraut einwandfrei funktionieren. Noch ist es nicht offiziell, aber es wird gemunkelt, dass es bald losgeht."

„Bist du nicht als Ersatz für Müller eingesprungen? Ich meine als Schütze II am Maschinengewehr?", wollte Hitzmann als nächstes wissen.

„Das macht Wolter", klärte Unteroffizier Staub auf, der voll beladen ins Zelt zurückkam.

„Wolter? Soweit ich mich erinnern kann war das nicht gerade der Schützenkönig", lachte Hitzmann sofort heraus.

„Aber er kann dreimal mehr Munition mitschleppen, als jeder andere", entgegnete Staub und legte Tabak, Zigaretten und Dextro Energen auf den Tisch.

„Mon dieu", pfiffen die Landser aus.

„Das ist noch nicht alles."

Im gleichen Moment stand Wolter vor dem Zelt. „Rotwein für alle, aber leider springt für jeden nicht mehr als eine halbe Flasche heraus."

Alle schnellten auf.

„Langsam, Kameraden! Ich werde erst eure Ausrüstung kontrollieren, danach ist Warenausgabe!", donnerte der Gruppenführer seine Männer an.

Schlagartig war alles verstummt. Statt dem üblichen Gemotze glitten Verschlüsse in die Waffen zurück, wurden blitzende Magazine bereit gelegt und keine zehn Minuten später stand die komplette Gruppe hinter der persönlichen Ausrüstung, bereit zur Inspektion. Gunther Staub war klar, dass er nicht penibel kontrollieren musste. Seine Kameraden waren erstklassige Soldaten, die genau wussten wie wichtig es war, im Gefecht eine tadellose Ausrüstung mit sich zu führen. Dennoch griff er sich wahllos die eine oder andere Waffe und prüfte sie. Am Ende der Gruppe stand Wolter, der Staub zur Ausgabestelle der Marketenderware begleitet hatte. „Wenn wir beide jetzt unsere Waffen gereinigt haben, ist große Bescherung mitten im Sommer."

Später saßen sie zusammen, genossen ein Glas Rotwein und rauchten.

Es war schon dunkel, als Leutnant Zunder von der Lagebesprechung zurückkam und den Zug antreten ließ.

„Ich weiß, dass ihr müde seid und eure Sonderration Rotwein bereits intus habt, aber es gibt eine neue Lage."

Gespräche verstummten, heiteres Lachen verschwand. Die aufkommende Kühle der Nacht kroch unter die durchgeschwitzten Tropenhemden der Afrikaner.

„Unser General Rommel befindet sich zur Zeit auf Frontinspektion und verweilt bei unseren Kameraden der Regimentsartillerie. Er hat für morgen Vormittag den Angriff auf Bir Hakeim befohlen."

Ein Raunen ging durch die Reihen der Soldaten.

„Unsere Luftwaffe wird mit Stukas angreifen. Ich hoffe, sie zerstören jede Menge britischer Panzer. Danach gibt es Trommelfeuer von unserer Artillerie. Wir arbeiten uns an die Stellungen der Franzosen heran und greifen schließlich an. Die Uhrzeit wird noch bekannt gegeben. Unsere Verlegung ins unmittelbare Feindgebiet findet um 5.00 Uhr statt. Ist jemand dabei, der ein Problem damit hat gegen Soldaten der Fremdenlegion zu kämpfen?", fragte der Offizier ganz unverblümt und direkt.

Fast jeder der ehemaligen Legionäre sah sich um und in das ratlose Gesicht seines Nachbarn. Aus anfänglichem zaghaftem Kopfschütteln wurde schließlich ein kräftiges, hinaus geschmettertes: „Nein, Herr Leutnant!"

„Und noch etwas, Kameraden", der Ton des Offiziers hatte sich geändert. „Eigentlich dürfte man das gar nicht ansprechen, doch ich möchte hier und jetzt betonen, dass unser General Rommel ausdrücklich erwähnte, dass es sich bei unserem Gegner um Soldaten handelt, nicht um Freischärler oder sonstige Partisanen. Sie stehen also unter dem Schutz der Genfer Konventionen. Danke, wegtreten!"

Jetzt ging das Gemurmel wieder los. Simmer suchte sofort Gunther Staub, sah ihn ein paar Schritte vor sich und eilte zu ihm. „Sag mal, Gunther. Weißt du, was der letzte Satz des Leutnants zu bedeuten hatte?"

Staub blickte sich ein paarmal sichernd um. „Gehen wir ins Zelt. Die Gruppe soll sich noch einmal kurz versammeln."

Die Afrikaner setzten sich zusammen. Gunther Staub, der bei seinen Männer auch dafür bekannt war, dass er über verschiedene Informationsquellen immer etwas mehr wusste, als alle anderen Gruppenführer, und manchmal sogar mehr als ein Offizier, ergriff das Wort. Er sprach leise aber deutlich. „Als ich heute die Marketenderware abholte, traf ich einen Kameraden, der ein Vetter von jemanden aus Rommels Stab ist", umschrieb er seinen Kontaktmann. Ob das stimmte oder nicht, war im Endeffekt egal. „Er hat mich beiseite genommen und mir etwas sehr heikles erzählt."

„Mach es nicht so spannend", schimpfte einer der Männer.

„Raus mit der Sprache! Rennen wir in unser Unglück oder was?", raunte ein anderer.

„Direkt aus Berlin flatterte ein Befehl auf den Tisch vom Oberbefehlshaber des Deutschen Afrika Korps. Eigentlich eine *Geheime Chefsache*, aber der Vetter meines Kameraden hat diesen geheimen Befehl gelesen. Demnach weiß Berlin, dass sich unter den Freifranzosen auch deutsche und österreichische Legionäre befinden. Sie werden als *Politische* bezeichnet, gegen die es im Kampf keine Gnade geben soll. Es wird darauf hingewiesen, dass die Freifranzosen aus der Sicht unserer Obigen keine regulären Soldaten sind, also nicht dem Schutz der Genfer Konvention unterliegen. Gefangene sind demnach hinzurichten!"

Stille. Betroffene Gesichter.

„Das gibt es nicht", schimpfte Hitzmann. „Wir steckten vor gar nicht allzu langer Zeit noch selbst in der Uniform, gegen die wir morgen kämpfen. Was erwarten die von uns?"

„Bleib mal ruhig, Rolf. General Rommel hat diesen Befehl nicht weitergegeben! Er ist absolut unserer Meinung und sagte, dass der Feind in einer regulären Armee dient, uniformiert ist und von uns als

Soldat behandelt wird. Auf gut deutsch: Er weigert sich den Anordnungen Folge zu leisten."

„Da brat mir doch einer 'nen Storch. Dieser Rommel war mir ja schon immer sympathisch, aber ab jetzt verehre ich den Mann!" Hitzmann war aufgestanden. Er griff nach einer der letzten beiden Flaschen Rotwein und sah seine Kameraden an. „Sollen wir diesen schönen Chianti noch leeren und auf unseren General anstoßen?"

„Ja!", hallte es zurück.

Am nächsten Morgen war es soweit. Der Himmel war erfüllt vom Lärm der Stuka-Motoren. Sie hatten ihren Angriff beendet und leiteten mit dem Rückflug das Donnern der Geschütze ein. Sämtliche Rohre der zur Verfügung stehenden Artillerie feuerten auf die Stellungen von Bir Hakeim. Das Wüstenland war flach, weit und hart.

Foto: *Bundesarchiv: Signatur: Bild 101I-443-1599-20, Fotograf: Zwilling, Ernst, A. Archivtitel: Nordafrika, bei Bir Hacheim.- Feuerndes 8,8 cm Flakgeschütz. Im Hintergrund Generaloberst Rommels Schützenpanzer S.d.Kfz. 250 "Greif"; KBK Lw.7, Datiert: Juni 1942*

Leutnant Zunder beobachtete die Gegend durch den Feldstecher, konnte aber nicht viel erkennen. Immer wieder wurde die Sicht von dem durch Artillerieeinschläge aufgewirbelten Staub verdeckt. Hin und wieder zogen schwarze Rauchsäulen gen Himmel, erzeugt vom brennenden Öl getroffener Panzerfahrzeuge oder Lastwagen.

Der Leutnant wartete gespannt auf den eigentlichen Angriffsbefehl. Immer wieder stierte er durch den Feldstecher. Die Hitze, hervorgerufen von der stechenden afrikanischen Sonne, nahm er nicht mehr wahr. Zu sehr war er innerlich angespannt. Als endlich der Angriffsbefehl durchgegeben wurde, schien ihm eine zentnerschwere Last von Herzen zu fallen. Er setzte sich an die Spitze seiner Soldaten und brüllte aus Leibeskräften: „Angriiiiffff!!!"

Sie erhoben sich aus ihren Deckungen. Stiefel rannten über den harten Boden. Geduckt stürmten die Infanteristen auf breiter Front nach vorn. Begleitet wurden sie von ein paar Selbstfahrlafetten mit eingebauter Pak und welchen mit angehängter Pak.

Die üblichen Hurra-Schreie, die ihnen oftmals Mut machten, kamen weitgehend nicht zustande. Die heiße Luft schnitt den Landsern den Atem ab.

Jeder Schritt war eine Qual. Je weiter sie liefen, desto heißer wurde Gunther Staubs Lunge. Der Unteroffizier verdrängte den Schmerz des Seitenstechens und lief dem Feind entgegen. Meter für Meter. Schritt für Schritt. Das feindliche Abwehrfeuer setzte ein. Immer mehr Maschinengewehre hämmerten zwischen die Reihen der Angreifer und lichteten diese. Männer wälzten sich am Boden. Der afrikanische Boden färbte sich rot. Blutrot! Schreie gellten über das Schlachtfeld. Die Rufe nach Sanitätern wurden lauter. Hinter Unteroffizier Staub preschte eine Selbstfahrlafette heran, überholte den Gruppenführer, blieb stehen und feuerte dem Feind ein paar Granaten entgegen. Der vom Vorbeifahren aufgewirbelte Sand und Staub nahm den Soldaten, die sich in unmittelbarer Nähe der Selbstfahrlafette befanden, jegliche Sicht. In dem Moment, als das Kampffahrzeug wieder anfuhr, krachte es gewaltig. Geistesgegenwärtig warfen sich die daneben befindlichen Landser zu Boden. Eine weitere Detonation zerriss die Luft.

Hitzmann sah es als erster. „Die sind auf eine Mine gefahren", brüllte er.

Simmer, der sich neben seinen Gruppenführer auf den Boden geworfen hatte, atmete hastig. Sein Brustkorb hob uns senkte sich unnatürlich schnell. Die Selbstfahrlafette brannte. Zwei

Besatzungsmitglieder lagen regungslos am Boden, einer kroch vom getroffenen Fahrzeug weg. Die anderen konnte man nicht sehen.

Wumm

Die Köpfe der Landser flogen herum. Diesmal war einer ihrer Kameraden auf eine Mine getreten und lag zerfetzt am Boden.

„Verfluchter Mist!", schimpfte Staub, „Das Vorfeld ist vermint!"

„Angriff!", tönte es erneut und die Soldaten des Afrika-Korps wurden wieder nach vorn getrieben. Weitere Minen wurden ausgelöst. Es war die Hölle. Keine zweihundert Meter weiter war das Minenfeld überwunden. Dennoch lagen die Angreifer notgedrungen wieder auf dem harten Wüstenboden. Neben den Minen und dem Abwehrfeuer der Verteidiger, schlugen immer mehr Panzergranaten ein. Aufgewirbelter Staub zeigte deren Position an. Leutnant Zunder wollte gerade einen Funkspruch absetzen, als eine Pak-Besatzung anrauschte. Sie hielten das Zugfahrzeug an, sprangen herab und brachten die Kanone in Stellung. Einer der Panzerjäger zuckte zusammen und griff an seinen Arm. „Mich hat´s erwischt", brüllte er und sackte zusammen.

„Gebt den Kameraden Feuerschutz!"

So gut es ging hielten die Infanteristen mit ihren Waffen den Gegner unten, doch immer wieder zischten Maschinengewehrsalven über ihre Köpfe hinweg.

„Ich habe das MG-Nest entdeckt!", rief Leutnant Zunder und zeigte mit der linken Hand drei Finger. Gunther Staub sah das Zeichen und kroch zu Wolter und Weber. „Maschinengewehr auf drei Uhr!"

Wolter klappte eine neue Munitionskiste auf. Gurtwechsel. Weber schwenkte den Lauf herum und ging ins Ziel. Die Sicht war schlecht, dennoch gab er ein paar Salven ab. Erst als die Staubschwaden für einen kleinen Moment die Sicht auf das feindliche Maschinengewehrnest freigaben, korrigierte er. Binnen weniger Feuerstöße lag er genau im Ziel. Der Soldat presste den Kolben des MG 34 an seine Wange, hielt kurz den Atem an und zog den rechten Zeigefinger nach hinten. Der Munitionsgurt raste wie wild durch das Maschinengewehr. Erst als der Lauf heiß wurde und gewechselt werden musste, stellte Weber das Feuer zwangsläufig ein.

Zwischenzeitlich war die Pak in Stellung gebracht. „Schneller!", schrie ein Unteroffizier seine Kameraden an. „Zweihundert!"

„Fertig!"

„Feuer!"

Abschuss! Rückstoß! Waberndes Mündungsfeuer am Rohr. Abziehender Pulverdampf! Während der Unteroffizier durch den Feldstecher sah, wurde nachgeladen.

„Fertig!"

„Feuer!"

Wieder wirbelte eine Granate durch die Luft, suchte ihr Ziel, fand es und detonierte krachend.

„Treffer! Er brennt!"

Gunther Staub blickte zu dem Panzer. Die schwarze Rauchsäule verriet einen Motortreffer. *Ausgeschaltet*, schwirrte durch seinen Kopf.

„Vorwääärts", übertönte Leutnant Zunders Stimme den Schlachtlärm. Blindlings sprangen die Landser auf und folgten ihrem Offizier. Zunder hatte die Angriffsrichtung geändert und schwenkte nach links um. Erst nach und nach erkannte Gunther Staub, dass sie auf eine gut getarnte Stellung zu rannten. Zwei, drei Mann fielen getroffen zu Boden. Der Unteroffizier brachte seine Maschinenpistole in Anschlag. Er glaubte die Käppis der Fremdenlegionäre zu erkennen und zog gleichzeitig den Abzug durch. Dann passierte es. Die Verteidiger sprangen über die Sandsackbarriere und stürmten auf die deutschen Soldaten zu. Es waren unverkennbar Fremdenlegionäre. Wie oft hatte sich Gunther Staub diesen Moment vorgestellt? Er hatte sich immer gefragt, wie es wohl sein würde, gegen ehemalige Kameraden kämpfen zu müssen. Und dann auch noch das. Nahkampf! Das Weiße im Auge des Gegners sehen. Ein gnadenloser Kampf um Leben und Tod. Doch nichts von all seinen Plänen und Gedanken traf ein. Im Gegenteil. Der Soldat hatte gar keine Zeit zu denken. Er stürmte dem Feind entgegen und hegte weder Wut und Hass. Er empfand aber auch keine Hemmungen seine schwere Pflicht zu erfüllen. Er war viel zu sehr Soldat, als dass er sich in diesem Moment umfangreiche Gedanken machte. Der reine Wille zum Überleben trieb ihn an. Staub jagte einen weiteren, langen Feuerstoß aus seiner Waffe und schwenkte den Lauf hin und her. Zwei Fremdenlegionäre wurden getroffen und fielen zu Boden. Weitere Legionäre, allesamt mit aufgepflanzten Seitengewehren, stürmenden unaufhaltsam auf die lebendige Wand der Landser zu. Das Unvermeidbare traf ein. Es war soweit! Nahkampf! Metall krachte auf Metall. Die Gegner prallten aufeinander.

Ein älterer Legionär stürmte mit vorgestrecktem Bajonett und lautem Gebrüll direkt auf Unteroffizier Staub zu. Dieser schwenkte den Lauf seiner MP in Richtung des Feindes und zog den Abzug durch, doch nichts geschah. Ein leises Klacken zeigte an, dass das Magazin leergefeuert war. Zu wenig Zeit um nachzuladen. Noch vier Schritte, noch zwei! Der Gruppenführer starrte dem Angreifer in die Augen. Im letzten Moment, bevor sich der kalte Stahl des Bajonetts in die Brust des Unteroffiziers bohrte, machte dieser einen Ausfallschritt und ließ den Angreifer, der weder Lauf- noch Stichrichtung korrigieren konnte, ins Leere laufen. Gleichzeitig hatte Staub die Maschinenpistole am Lauf gepackt und schlug mit voller Wucht den Schaft ins Genick des Angreifers. Dieser fiel mit einem Grunzlaut zu Boden und blieb regungslos liegen. Fieberhaft griff Gunther Staub nach einem Reservemagazin und lud nach. Keine Sekunde zu spät, denn schon kam der nächste Gegner angelaufen. Geistesgegenwärtig feuerte Staub eine Salve in die Brust des Fremdenlegionärs. Hitzmann tauchte im Sichtfeld des Gruppenführers auf. Der Unteroffizier sah, wie Hitzmann seinen Karabiner ähnlich schwenkte, wie ein Ritter den Morgenstern. Zwei Angreifer rannten in den Schlag des Hünen und fielen um, wie gefällte Bäume. Staub wollte sich gerade abwenden, um weiter nach vorn zu stürmen, als er einen dritten Legionär bei Hitzmann sah. Diesmal kam der Gegner von hinten angelaufen und stieß dem großgewachsenen Landser das Seitengewehr in den Rücken.

„Nein!", plärrte Staub und rannte auf die beiden Kontrahenten zu.

Hitzmann hatte sich bereits umgedreht und, als ob er den Schmerz seiner Wunde nicht spüren würde, mit dem Karabiner zum Schlag ausgeholt. Er sah den Angreifer an und zögerte einen Moment. Diesen Zeitvorteil wollte der Fremdenlegionär ausnutzen, um ein zweites Mal mit dem Bajonett zustoßen, doch Staubs nächste MP-Garbe traf ihn tödlich. Als der Unteroffizier seinen Kameraden erreichte, ging Hitzmann in die Knie. Der Karabiner fiel aus seinen Händen.

„Gunther … das … tut … weh", röchelte er.

„Saniii!"

„Ich … ich … kenne …"

„Sei jetzt ruhig, Rolf, der Sani kommt gleich!"

Hitzmann brach zusammen. Simmer kam hinzu gelaufen.

„Wo bleibt der verdammte Sani?", schrie der Unteroffizier.

„Los, wir verbinden ihn schnell selbst. Rolf blutet ja wie wild!"

„Bajonettstich!", war die karge Antwort des Gruppenführers.

„Wo?", fragte Simmer und zog ein Verbandspäckchen heraus.

„Im Rücken!" Staub sah sich um. Das Stöhnen verwundeter Soldaten übertönte das Kampfgetöse. Die Gegner waren überwältigt, die kleine Stellung eingenommen.

Während Staub und Simmer bei dem Verwundeten blieben, stürmten die anderen Landser immer noch weiter vorwärts und setzten dem zurückweichenden Feind nach, der sich zu dessen Hauptverteidigungsstellung zurückkämpfte.

Wumm

Wieder war ein Soldat auf eine Mine getreten. Ein zweites Minenfeld lag vor den deutschen Soldaten. Der Angriff geriet ins Stocken. Die Hauptverteidigungsstellung lag noch gut 1200 Meter weiter vorn. Eine schier unüberwindliche Distanz.

Zwei Sanitäter mit einer Bahre tauchten auf.

„Hierher!" rief Simmer laut.

Gemeinsam mit Unteroffizier Staub hatte er den Oberkörper von Hitzmann freigelegt. Der Landser blutete stark. Staubs Hände und Uniform waren blutbesudelt. Mit dem Eintreffen der Sanitäter kam auch der Befehl zum Rückzug. Der Angriff war trotz der hohen Verluste unter den französischen Soldaten abgewehrt worden.

„Was hat er?", fragte der erste Sanitäter hastig und kniete sich neben Hitzmann ab.

„Bajonettstich in den Rücken!"

„Hoffentlich sind keine Organe durchbohrt. Dem vielen Blut nach zu urteilen sieht es nicht gut aus."

Unteroffizier Staub wurde wütend. „Du sollst nicht labern! Du sollst deine Arbeit machen und den Kameraden retten! Merde!"

„Fall nicht wieder ins Französische zurück, Gunther", beschwichtigte Simmer. „Der Sanitäter kann nichts für Rolfs Verwundung, und er wird sicherlich alles für ihn tun was er kann."

Gunther Staubs Mine hellte etwas auf. „Tut mir leid, Sani. Meine Nerven …", entschuldigte er sich ohne den Satz zu Ende zu sprechen.

Der vom Gruppenführer beschimpfte Sanitäter hörte scheinbar gar nicht hin. Mitten in Staubs Entschuldigung sagte er zu dem anderen Träger: „Der Verband sitzt. Schnell auf die Bahre mit ihm, er muss sofort ins Feldlazarett unters Messer!"

„Wir packen mit an", entschied Staub.

Zu viert wurde Hitzmann zur Verwundetensammelstelle getragen. Keiner der Helfer schien die erbarmungslose Hitze zu spüren. Die Sonne brannte mit voller Kraft und die Tropenfeldblusen waren schweißnass. Zwar kam Erleichterung auf, als ein aufgespanntes Sonnensegel mit rotem Kreuz auf weißem Grund zu sehen war, doch die Tortur der Verwundeten war hier noch nicht beendet. Nach einer Erstversorgung wurden sie, natürlich unter Berücksichtigung der Schwere der Verletzung, zur Truppenverbandsplatz, respektive in ein Lazarett verbracht.

Erst als Hitzmann abgeliefert war und im Schatten des Sonnensegels lag, spürten Simmer und Staub wie ausgetrocknet ihre Kehlen waren. Gierig öffneten sie ihre Feldflaschen, tranken jedoch mit der Besonnenheit eines Wüstenkriegers. Während die beiden Sanitäter wieder aufs Schlachtfeld zurück kehrten, um dort ihrer menschlichen Pflicht Freund und Feind gegenüber nachzukommen, steckten sich Unteroffizier Staub und der Gefreite Simmer jeweils eine Zigarette an.

Zurück bei der Gruppe folgte Routinearbeit. Eine Verlustliste wurde erstellt, leichtere Blessuren selbst versorgt und die Waffen gereinigt.

Später erfuhren die Landser, dass es die Nachbarkompanie am Schlimmsten erwischt hatte. Ein Drittel war gefallen oder verwundet worden. Der erbitterte Widerstand des Gegners wurde heiß diskutiert.

„Das liegt nur an den Fremdenlegionären. Die restlichen freien Franzosen sind alles nur Pfeifen. Die hätten wir locker überrannt", sagte Wolter voller Überzeugung.

„Warum hat es dann unsere Nachbareinheit so schlimm erwischt, und wir sind noch einmal mit einem blauen Auge davongekommen?", hakte Weber nach, stand auf und ging aus dem Zelt. „Bin gleich wieder da. Der Tee treibt. Ich muss nur schnell mal auf die Latrine."

„Hitzmann hat den Kerl gekannt, der ihm das Bajonett in den Rücken gerammt hat", sagte Staub schließlich. Es hatte ihn schon die ganze Zeit beschäftigt.

„Wie kommst du denn darauf?"

„Weil er seinen Karabiner wie eine Keule geschwungen hat und, nachdem er sich umdrehte, einen Moment mit dem Zuschlagen zögerte."

„Dabei hat er sich wohl den Stich gefangen", mischte sich Wolter ein.

„Nein, den bekam er vorher. Aber der Legionär hätte ihm das Bajonett in den Bauch gerammt, während Rolf ihn nur regungslos anstarrte. Ich habe den Legionär erschossen."

„Dann hat Hitzmann dir sein Leben zu verdanken, Gunther?"

„Noch kämpft er ums Überleben, Kameraden. Ich habe mich beim Lazarett erkundigt und nachgehakt. Sobald es etwas Neues gibt, werden wir informiert."

„Sag mal, wo sitzen den deine Kontakte, oder wie man die Quellen bezeichnen soll, überall?"

„Du hast die Antwort bereits selbst gegeben. Überall!"

Alle lachten.

„Mal was anderes, Jungs. Wie ist es euch ergangen, als die *13. Halbbrigade* aus ihren Löchern kroch und auf uns losstürmte?", fragte Wolter schließlich seine Kameraden.

„Irgendwie komisch, aber nachdem sie mir an den Kragen wollten, habe ich nicht lange nachgedacht", schoss es Simmer sofort aus dem Mund.

„Bei mir war es ähnlich. Zuerst zerbrach ich mir den Kopf, was wohl sein wird, wenn ich einen kenne, dann war es aber doch nur purer Automatismus", bestätigte Staub.

Weber kam zurück. „Wisst ihr, was ich gerade erfahren habe?"

„Nachdem du von der Latrine kommst, kann es sich um eine Scheißhausparole handeln", lachte Simmer und steckte die anderen damit an.

„Nein! Ganz bestimmt nicht. Sie haben zum wiederholten Mal einen Parlamentär zu den Franzosen geschickt."

Das Lachen verstummte.

„Die können es sich doch gar nicht leisten, den Mann mit der weißen Flagge wieder nach Hause zu schicken", umschrieb Wolter die Situation.

„Wann war das?", erkundigte sich Staub.

„Muss wohl gleich nach dem Gefecht gewesen sein. Jedenfalls nicht viel später."

„Das interessiert mich jetzt. Ich gehe mal zu Leutnant Zunder. Vielleicht weiß der mehr."

„Geh lieber zu dem Kerl, der seinen Vetter irgendwo in Rommels Nähe sitzen hat. Der weiß bestimmt mehr, als unser Zugführer", schlug Simmer vor.

Staub verharrte am Zeltausgang. „Wisst ihr was, Kameraden, ich habe immer noch die blutige Uniform an. Wie wäre es, wenn wir uns erst einmal gebührend kleiden?"

Zwei Stunden später war das Ergebnis bekannt. Unteroffizier Staub war es tatsächlich gelungen wieder seine informative Geheimquelle anzuzapfen. Es hatte ihn drei Zigaretten und ein nicht enden wollendes, langweiliges Gespräch gekostet. Als er zur Gruppe zurückkam ruhten alle Augen auf ihm. Würde der Kampf um Bir Hakeim schon bald vorüber sein?

„Abgelehnt", murrte der Unteroffizier. „Sie haben den Parlamentär zurückgeschickt."

„Diese verfluchten Starrköpfe! Was wollen die denn beweisen?", regte sich Simmer auf. „Warum können die nicht einfach aufgeben und damit am Leben bleiben?"

„Vielleicht haben sie Angst vor einer deutschen Gefangenschaft. Zumindest die deutschstämmigen unter den Legionären! Du weißt ja sicherlich noch wie es uns in britischer Gefangenschaft ging, bzw. welche Gedanken durch unsere Köpfe rasten."

Nachdenklich starrte Simmer auf den Boden. Das Argument leuchtete ihm ein. Insgeheim stellte er sich die Frage, wozu der Krieg denn nötig war, doch dann kam der Soldat in ihm wieder durch und Simmer verdrängte den Gedanken.

Noch in der Nacht wurden die alliierten Stellungen um Bir Hakeim erneut von der deutschen Artillerie unter Feuer genommen. Am nächsten Morgen flog die Luftwaffe weitere Angriffe auf die Wüstenstellungen der Alliierten.

Leutnant Zunder kam mit den neuesten Meldungen aus dem Stab zurück und verkündete diese noch vorm Essenfassen.

„Als allererstes möchte ich mitteilen, dass unser Kamerad Hitzmann übern Berg ist. Eine Krankenschwester rief beim Spieß an und sagte, dass irgendein aufdringlicher Unteroffizier sicherlich froh sein wird diese Nachricht zu hören", während Zunder die Worte sprach, suchte er schmunzelnd Blickkontakt zu Gunther Staub.

Die Nachricht sorgte für spürbar bessere Laune unter den Landsern, was sich jedoch gleich wieder ändern sollte.

„Ich weiß nicht, ob es schon bekannt ist, aber ein Angebot zur Kapitulation wurde von den *Freien Franzosen* abgelehnt. Ihr Befehlshaber, der elsässische General Pierre Koenig, schickte einen Parlamentär General Rommels wieder zurück."

Gemurmel.

„Hat jemand etwas zu sagen, dann soll er es laut und für jeden verständlich tun, oder den Mund halten."

„Deshalb fliegen die Stukas wieder, habe ich gesagt", meldete sich Simmer.

„Richtig. Aber diesmal wird die Luftwaffe nicht nur am Vormittag, sondern auch mittags fliegen. Abgesehen davon, haben auch wir einen neuen Auftrag erhalten."

Hochspannung. Absolute Ruhe. Jeder lauschte den Worten des Zugführers.

„Wir werden die Festung Bir Hakeim von Norden her angreifen. Wir müssen unter allen Umständen die Höhe 186 nehmen. Dieser Hügel ist von absoluter Wichtigkeit. Strategisch unbezahlbar. Haben wir diese Höhe in der Hand, liegt Bir Hakeim zum Greifen nah vor uns. Unsere Ari kann von dort aus alles zusammenschießen was es gibt. Allerdings wären da zwei große Probleme."

„Welche?", fragte Staub.

„Etliche Widerstandsnester rund um das Ziel und ein davor befindliches Minenfeld, dessen Ausmaß gigantisch geschätzt wird."

Unteroffizier Staub pfiff leise vor sich hin. „Also ein Teufelstanz in der Gluthitze der Hölle!"

„So kann man das Unternehmen auch bezeichnen."

„Wann geht es los, Herr Leutnant?"

„Das weiß ich nicht, aber Major Ziegler wird bald mit mehr Informationen zurückkehren. Zur Stunde wird eine Lagebesprechung abgehalten."

Die Einsatzbesprechung hatte pünktlich begonnen. Der verantwortliche Oberst wies die führenden Offiziere in die aktuelle Lage ein.

„Meine Herren, wir verfügen über Luftbilder. Unter den Flugzeugen unserer Luftwaffe, die das Zielgebiet seit geraumer Zeit bombardieren, befand sich auch ein Aufklärer, dem es gelang diese Bilder hier zu fertigen. Bitte achten Sie auf die vielen Widerstandsnester. Hier gibt es MG-Stellungen, Infanteriegräben in denen Stoßtrupps in Zugstärke sitzen, sowie Flak- und Pak-Stellungen."

Alle Anwesenden drängten sich um die Bilder.

„Ich möchte besonders darauf hinweisen, dass das gesamte Gebiet minenverseucht ist, wenn ich das mal so salopp ausdrücken darf. Der

Feind hat von der Höhe 186 besten Überblick und wir rechnen mit hohen Verlusten."

„Und deshalb sollen unsere Fremdenlegionäre diese heikle Aufgabe übernehmen", flüsterte Major Zielger leise seinem Nachbarn, Hauptmann Marx, zu.

„Dann machen wir es eben. Vielleicht bekommen wir dann den Makel los, der immer noch zu Unrecht auf unserer Truppe haftet."

„Den bekommen wir auf alle Fälle los."

„Warum bist du dir da so sicher?"

„Weil sie uns nach diesem Einsatz mit so vielen Männern auffüllen müssen, dass wir danach nicht mehr allein aus ehemaligen Legionären bestehen. Diese werden sogar eine Minderheit bilden."

„Der Nachersatz muss jetzt schon gestellt werden. Die Verluste bei Sidi Rezegh waren hoch genug. Die Kampfstärke liegt doch nur noch bei rund 70 Prozent."

„Bitte Ruhe!", wurden die beiden mit rüdem Ton angesprochen. Ziegler und Marx konzentrierten sich wieder auf den Oberst und dessen Ausführungen.

„Unsere Artillerie wird in diesem Abschnitt verstärkt und sorgt für flächendeckenden Granatenbeschuss. Ebenso wird die Luftwaffe das betreffende Gebiet bekämpfen und den Weg für unsere Panzer und die Infanterie ebnen. Ich möchte noch einmal deutlich unterstreichen wie wichtig die Höhe 186 ist! Wer sie besitzt beherrscht das Gelände!"

Das Feldtelefon läutete. Ein Adjutant des Oberst hob ab, nickte ein paar Mal und seine Augen suchten den Kontakt zu seinem Vorgesetzten.

„Strehle, hat dieser Anruf etwas mit dieser Besprechung zu tun?"

„Sehr wohl. General Rommel hat angeordnet, dass die *90. leichte Afrika Division* von Süden her angreift und nicht zur Höhe 186 verlegt wird. Dort kommt die *15. Panzer Division* zum Einsatz. Gleichzeitig wird die *90. leichte Afrika Division* mit sofortiger Wirkung in Alarmbereitschaft gesetzt. Alle Offiziere haben sich unverzüglich bei der Truppe einzufinden."

„Warum die plötzliche Änderung?", fragte der Oberst ungestüm und ging zum Feldtelefon. Erbost nahm er den Hörer in die Hand und wollte losbrüllen, stattdessen lief er hochrot an und krächzte halblaut ein: „Jawoll, Herr General", ins Telefon. „Selbstverständlich, Herr General. Wird sofort umgesetzt!" Er legte auf.

„Meine Herren, dadurch, dass sich General Rommel selbst in vorderster Linie befindet und sich ein eigenes Lagebild verschafft hat, wurde der Angriffsplan geändert. Zudem ist es gelungen, die *15. Panzer Division* heranzubringen. Diese wird die heikle Aufgabe mit Höhe 186 übernehmen und den Angriff von Norden her führen. Wir greifen von Süden an und nehmen Bir Hakeim auf diese Weise in die Zange."

Nach der Besprechung kehrten die Offiziere zu ihren Truppen zurück. Die Vorbereitungen für den nächsten Angriff wurden getroffen.

Ebenso, wie beim letzten Anlauf auf Bir Hakeim, eröffnete an diesem 10. Juni wieder die deutsche Artillerie den Angriff mit Dauerbeschuss, gefolgt von einem Fliegerbombardement. Das Donnern der Geschütze lag bereits in den Ohren der Soldaten des *Regiments 361*, als diese sich kurz vor dem Bereitstellungsraum befanden. Gunther Staubs dezimierte Gruppe saß auf einem Beute-Lastwagen.

„Ich bin schon froh, dass wir von Süden aus angreifen und nicht, wie Leutnant Zunder zuvor bekanntgab, die Höhe 186 im Norden einnehmen müssen", sagte Rehm, der als Fahrer für diesen Einsatz zugeteilt wurde und statt Hitzmann hinter dem Lenkrad saß.

Gunther Staub sah den Kraftfahrer nur kurz an. „Warum? Glaubst du, dass man hier im Süden von Bir Hakeim schöner stirbt?"

Rehm blieb nicht nur die Antwort schuldig, er schwieg seit der Fragestellung während der gesamten Fahrt.

Ein Blick zum Himmel ließ Gunther Staub zum Fernglas greifen. In der Ferne erkannte er Stukas. „Der Tanz hat begonnen", flüsterte er vor sich hin und nahm einen letzten Schluck aus seiner Feldflasche. Wenige Minuten später hielten sie an. Der Bereitstellungsraum war erreicht. Die Fahrzeuge wurden geparkt. Staub sprang aus dem Führerhaus. „Absitzen!", befahl er lautstark und reihte sich damit in die Befehlskette der anderen Gruppenführer ein.

Die Sonne kletterte immer höher. Am wolkenlosen Himmel waren die deutschen Flugzeuge zu sehen, die wieder Richtung Feldflugplatz folgen. Eine der Maschinen zog eine dicke Rauchschwade nach. Der Pilot hing den anderen etwas nach und flog merklich niedriger. Nachdem er die eigenen Linien erreicht hatte, ging er noch tiefer.

„Ohne Tritt marsch."

Es ging los. Dem Feind entgegen. Das Schicksal wurde herausgefordert. Am Abend würden einige von ihnen und einige der gegnerischen Soldaten nicht mehr leben. Der Tod sattelte sein Pferd und hielt mit knochiger, kalter Hand die scharfe Sense. Keiner sprach darüber. Das Thema war tabu.

„Der wird es nicht mehr bis zum Feldflugplatz schaffen", sagte Wolter und sah dem Jagdflieger nach.

„Ich frage mich, warum wir nicht nachts angreifen. In der Dunkelheit wären wir doch ein bisschen besser geschützt", meinte Simmer. Er war zu seinem Gruppenführer aufgeschlossen.

„Ich schätze, das hat mit dem Minenfeld zu tun. Nachts sehen wir die Markierungen nicht so gut."

Foto: Privatarchiv des Autors, PA-DAK-0079- ferner Granateneinschlag

Ein letzter Halt vor dem Angriff. Hauptmann Lindner stand inmitten seiner Kompanie. „Soldaten! Diesmal müssen wir zumindest den äußeren Ring sprengen, damit unsere Artillerie weiter vorrücken kann. Das ist nötig, um die gegnerische Flak auszuschalten. Wie ich vorhin über Funk mitbekommen habe, hat die Luftwaffe enorme Verluste hinnehmen müssen. Ist der äußere Verteidigungsring erst einmal gesprengt, können die Alliierten sich nicht mehr so effektiv verteidigen, wie bisher. Der Feind ist am Ende seiner Kräfte. Bir Hakeim kann dem Druck nicht mehr lange standhalten. Wir werden dieses Wüstenloch einnehmen. Am liebsten gleich jetzt!"

Ein Nachrichtenmann, der neben dem Kompanieführer stand, flüsterte Hauptmann Lindner etwas zu. Dieser nickte und bugsierte seine Maschinenpistole, die bislang locker an der Seite hing, nach vorn.

„Wir bilden einen Keil! Fertigmachen zum Angriff!"

Es ging wieder los. Die Soldaten des *DAK* rannten auf die Stellungen von Bir Hakeim zu. Wieder riss das heftige Abwehrfeuer Lücken in die Reihen der Angreifer. Gehorsam, Wut, Verbissenheit oder Verzweiflung trieb sie an. Die ehemaligen Fremdenlegionäre gaben nicht auf. Erbittert wurde um jeden Meter des ausgetrockneten Wüstenbodens gekämpft. Projektile pfiffen über das Schlachtfeld, zerfetzten Uniformen, bohrten sich in Fleisch. Granaten krepierten unter den Angreifern und forderten weitere Opfer. Minen detonierten. Das nordafrikanische Land schluckte Blut.

„Springt in die Krater!", rief Gunther Staub seinen Männern zu und hechtete in eine der Erdmulden. Er spürte dicht beim linken Ohr einen Luftzug und zog instinktiv den Kopf ein. Weber und Wolter fanden nicht weit weg, ebenfalls in einem Granattrichter, gute Deckung. Schwer keuchend kam Leutnant Zunder neben Unteroffizier Staub zum Liegen.

„Diese verdammten Franzosen", presste der Offizier aus. „Haben sie euch bei der Legion dazu gedrillt lieber zu sterben, als sich zu ergeben?"

„So ähnlich, Herr Leutnant! Sie brachten uns bei, bis zum Ende die Befehle der Offiziere zu befolgen. Ein Legionär denkt nicht, er gehorcht und handelt! Wir leben im Geist von Camerone."

Zunder lugte über den Kraterrand. Eine Selbstfahrlafette lieferte sich unweit ihrer Deckung ein Duell mit einer alliierten Panzerabwehrkanone. Ein lauter Knall, hartes, metallenes Krachen und ein tiefschwarzer Rauchpilz verrieten dem Offizier, dass die Selbstfahrlafette den Kampf verlor.

Weber und Wolter hatten ihr Maschinengewehr in Stellung gebracht und feuerten pausenlos.

„Gut so! Haltet sie unten! Wir greifen weiter an", wurde ihnen zugerufen. Es war der Kompanieführer. Hauptmann Lindner sprang auf und trieb seine Landser wieder nach vorn. Auch Gunther Staub und Leutnant Zunder sprangen hoch und rannten weiter auf die gegnerischen Stellungen zu. Der Schlachtenlärm wuchs ins schier Unerträgliche. Abschüsse von Flaks und Panzerkanonen. Dazu immer noch das Donnern der eigenen 8,8 cm Geschütze aus dem Hintergrund.

„Los Männer, der Minengürtel ist überwunden! Werft die Franzosen aus ihren Stellungen! Setzt die Seitengewehre auf!", brüllte Lindner und befand sich nun an der Spitze seiner Kompanie.

Weber und Wolter packten das MG mit Zubehör. Stellungswechsel. Sie stürmten vorwärts. Wolter hatte noch zwei Kisten Munition zu tragen, Weber schleppte das Maschinengewehr. Im Laufschritt eilten sie ihren Kameraden nach. Die Sonne brannte gnadenlos und schien von Minute zu Minute heißer zu werden, was zusätzlich an den Kräften der Soldaten zehrte.

„Hier!", schrie Weber und ließ sich fallen. Sofort lag er wieder hinter dem MG 34 und feuerte auf eine Sandsackstellung, die sich etwa 800 Meter von ihm entfernt befand. Leutnant Zunder und die anderen hatten sich bereits bis auf 400 Meter an das Widerstandsnest herangearbeitet, wurden momentan jedoch heftig beschossen.

„Zu hoch", plärrte Wolter, der jetzt wieder neben dem Schützen I lag, den Munitionsgurt über seine Handflächen gleiten ließ und zu erkennen versuchte, wo die Projektile einschlugen. Weber verstellte die Visierung, zielte und drückte ab. Selbst als geübter MG-Schütze konnte er nur kurze Feuerstöße abgeben, wenn er im Ziel bleiben wollte. Er jagte die Projektile über die Köpfe seiner Kameraden hinweg schnurstracks dem Feind entgegen.

„Ja", triumphierte Wolter, „jetzt hast du sie!"

Lindner, Zunder und die anderen Angreifer spürten sofort die erneute Unterstützung ihrer MG-Schützen und deren gefährlicher Schnellfeuerwaffe. Weber hatte mindestens drei feindliche Soldaten getroffen und die anderen gezwungen kurzfristig in Deckung zu gehen. Linder reagierte zuerst. „Sprung auf! Vorwärts!"

Wieder riss er seine Männer mit nach vorn. Auch Leutnant Zunder und Unteroffizier Staub wurden magisch mitgezogen. Beine anziehen, Waffe auf den Gegner richten, aufspringen und loslaufen. Im Bedarfsfall feuern. Alles war nur noch antrainierte Handlung, der Automatismus des Soldaten. Noch zweihundert Meter. Gunther Staubs Lunge begann wieder einmal zu stechen. Er spürte seine Beine nicht mehr. Pures Adrenalin schien durch seine Adern zu fließen. Das Tackern des Maschinengewehrs im Rücken der Angreifer verstummte.

Klack, klack.

„Hemmung!", meldete Weber sofort und griff nach seiner Ausziehkralle in Form eines dicken selbst angefertigten Werkzeugs, ähnlich eines Schraubenziehers. Binnen weniger Sekunden war das Problem behoben. Wolter hatte zwischenzeitlich den nächsten Gurt bereit gelegt. „Einen haben wir noch, dann ist die letzte Kiste dran!"

Gewehre wanderten über Sandsäcke. Mündungsfeuer war zu sehen. Immer mehr der anstürmenden deutschen Wüstensoldaten ließen sich fallen und suchten Deckung. Sie brachten ihre Waffen ins Ziel und drückten ab.

„Los! Mach schon!" Wolters Stimme überschlug sich. Der erfahrene Soldat wusste, dass seine Kameraden ohne die Hilfe des Maschinengewehrs hohe Verluste hinnehmen mussten.

Weber war schweißnass. Der Kolben schien an seiner Wange Schlitten zu fahren. Er rutschte auf und ab. Der Schütze I presste das Endstück des Schaftes fest in seine rechte Schulter, visierte erneut die französischen Stellungen an und zog den Abzug nach hinten.

Endlich, dachte sich Gunther Staub, schob ein neues Magazin in seine MP und nahm eine Stielhandgranate in die Hand. *Nur noch zwanzig oder dreißig Meter*, schoss es durch seinen Kopf, *dann kann ich es schaffen.*

Mit dem wieder einsetzenden Maschinengewehrfeuer standen die Soldaten in ihren khakibraunen Uniformen auf und versuchten auch das letzte Teilstück zu überwinden. Die Schreie der Verwundeten wurden immer lauter und schienen sich unendlich zu vermehren. Sanitäter rannten geduckt durch den feindlichen Kugelhagel und versuchten so viele Leben wie möglich zu retten.

Leutnant Zunder hetzte, wild aus der Hüfte feuernd, etwa vier Meter neben Unteroffizier Staub auf die Stellung zu. Staub ließ seine MP an der Seite baumeln, schraubte während des Laufens die Sicherheitskappe der Handgranate ab, zog die Sicherungsschnur, zählte im Gedanken bis drei und schleuderte die Handgranate schließlich mit

ganzer Kraft nach vorn. Aus Leibeskräften brüllte er einen Warnruf:
„Handgranate!"

Im Fallen sah er Leutnant Zunder taumeln, stolpern und schließlich auf dem Boden aufschlagen.

Wumm

Die Handgranate fand ihr Ziel und detonierte knapp hinter den Sandsäcken. Schnell arbeitete sich Unteroffizier Staub zu seinem Zugführer vor. „Herr Leutnant! Leutnant Zunder! Was ist passiert?"

Keine Antwort.

Der Offizier lag bäuchlings vor ihm. Mit beiden Händen packte der Münchner zu und drehte den leblosen Körper um. „Sie schaffen das schon, Herr Leut …", mitten im Satz brach er ab. Leere Augen starrten ihn an. Aus einem kleinen Loch in der Stirn rann nur wenig Blut heraus. Leutnant Zunder war gefallen. Mit Wut im Bauch umklammerte der Unteroffizier seine Maschinenpistole, schnellte hoch und hastete auf die Sandsäcke zu. Immer wieder gab er kurze Feuerstöße ab. Er zielte dabei auf die Käppis der verteidigenden Legionäre der *13. Halbbrigade* der französischen Fremdenlegion. Die ersten Landser erreichten die Sandsäcke. Einige brachen im letzten Kugelhagel des Gegners zusammen, doch die meisten sprangen laut schreiend und brüllend über die Barriere hinweg in den unerbittlichen Nahkampf.

Simmer befand sich dicht hinter seinem Gruppenführer. Als dieser über die Sandsäcke kletterte und ein Fremdenlegionär auf den Unteroffizier anlegte, feuerte Simmer. Der feindliche Soldat wurde an der Schulter getroffen, dessen Schuss verlor sich in der Weite des afrikanischen Kontinents. Staub sah, wie sich der Legionär schmerzhaft an die Schulter griff und jagte instinktiv einen Feuerstoß in den Körper des Legionärs. Ein dumpfer Schlag traf den Unteroffizier am Hinterkopf. Staub fiel vornüber. Simmer sah seinen Vorgesetzten zusammenbrechen. Hinter Staub tauchte ein Hüne von Legionär auf. Der französische Soldat hob sein Gewehr, um zum tödlichen Schlag auf Unteroffizier Staubs Kopf anzusetzen.

Simmer repetierte und drückte ab. Vorbei. Noch einmal glitten die Finger über den Repetierbügel. Der Ladestreifen war verschossen. Im Magazin befand sich keine Patrone. Panik.

Dann geschah das Unfassbare. Unteroffizier Staub bewegte sich wieselflink, holte aus und trat mit seinen genagelten Wüstenstiefeln mit voller Wucht gegen Schienbein und Knie des vor ihm stehenden

Fremdenlegionärs. Dieser strauchelte und der gleichzeitig ausgeführte Schlag mit dem Gewehrkolben ging ins Leere.

Flink setzte Simmer einen neuen Ladestreifen ein. Ein anderer Legionär rannte brüllend und mit aufgerissenem Mund auf ihn zu. Der Gefreite lud durch und drückte ab. Der feindliche Soldat wurde zwar getroffen, rannte aber weiter. Das Bajonett aufgepflanzt, das Gewehr vor sich gestreckt kam er schnellen Schrittes auf den Afrikaner zugelaufen. Simmer umklammerte seinen Karabiner, parierte mit einem Gewehrschlag den Stich des verwundeten Fremdenlegionärs, holte aus und stieß zu. Ein lauter Schmerzschrei übertönte alle anderen Geräusche. Der Söldner im Dienste der Legion blieb mit schmerzverzerrtem Gesicht am Boden liegen. Schnell blickte sich Simmer um. Unteroffizier Staub saß auf seinem Gegner, holte mit der Faust aus und schlug unbarmherzig auf den Legionär ein. Diesem gelang es jedoch noch einmal, den deutschen Landser von sich zu stoßen und kam wieder auf die Beine. Beide Kontrahenten standen sich gegenüber.

Simmer starrte wie gebannt auf den Zweikampf. Wolter und Weber kamen angelaufen. Die französischen Legionäre zogen sich bereits zurück.

„Weiter! Setzt dem Feind nach! Wir müssen die Flak-Stellung ausheben", brüllte Hauptmann Lindner.

„Was ist los, Harald?", stieß Weber seinen Kamerad an, doch Simmer konnte seinen Blick nicht von Staub und dessen Kontrahenten lösen.

Wolter folgte Simmers Blick und wurde auf den Schlag kreidebleich im Gesicht. „Bolouvard", entfuhr es ihm.

Weber stierte seinen Gruppenführer und den ihm gegenüber stehenden Fremdenlegionär an. Sie gingen näher an die beiden Kämpfer heran.

„Lasst mich allein", rief ihnen Gunther Staub entgegen. „Dieses Schwein gehört mir!"

Beide Männer umkreisten sich wie zwei Boxer, die nur darauf warteten, dass der Ringrichter den Kampf freigibt.

Plötzlich sprang Bolouvard nach vorn und packte den deutschen Unteroffizier am Kragen. Stinkender Atem quoll Staub entgegen, als der Franzose ihn zu würgen begann. „Staub, du stirbst jetzt und hier", hauchte ihm der Legionär in französischer Sprache zu. Kaum ausgesprochen, zuckte er zusammen. Staub hatte seinem Gegner mehrfach das Knie in den Unterleib gestoßen. Ein Schlag mit dem MG-Kolben an Bolouvards Kopf beendete den Zweikampf. Weber stand über dem Legionär.

„Ich ... sagte doch..., dass ...", schimpfte Unteroffizier Staub heftig atmend, „... ich dieses ..."

„Er ist unser Gefangener. Für ihn gilt die Genfer Konvention. So hat es General Rommel gesagt, Gunther. Für Rache haben wir keine Zeit."

Hasserfüllt starrte Staub auf den bewusstlosen Fremdenlegionär. Der Kopf des Unteroffiziers pochte hefig. Ein Griff an die schmerzende Stelle genügte und der Gruppenführer wusste, dass er im Lazarett landen würde. Eine riesige Beule hatte sich gebildet, zudem blutete die Wunde. Erst jetzt spürte er, dass er keine Kraft mehr hatte.

„Wolter, Weber! Folgt den anderen. Sie brauchen euer MG", befahl er.

Wolter sah abwechseln zu Bolouvard und seinem Gruppenführer.

„Ich pass auf ihn auf", versprach Simmer. Die beiden MG-Schützen nickten und eilten ihrem Kompanieführer nach.

„Der Kerl sollte nicht leben. Er ist ein gemeiner Mörder."

„Aber er soll auch nicht durch unsere Hände sterben, Gunther, sonst stellen wir uns auf eine Stufe mit ihm."

Der Unteroffizier verspürte stark anwachsende Kopfschmerzen.

„Das tut weh!"

„Wen wundert es? Ich dachte sogar, der Schlag hat dir den Schädel gespalten. Du bist zusammengesackt, wie eine Strohhütte im Sturm."

„Ich glaube, er hat mich erkannt, als er zum tödlichen Schlag ausholte. Ich sah dieses Grinsen in Bolouvards Gesicht. Das hat mir Kraft gegeben."

„Du bist jetzt Sieger. Bolouvard wandert ins Kriegsgefangenenlager."

„Und dort wird er seine persönliche Schreckensherrschaft weiterführen."

„Schreib doch eine Meldung."

„Ich weiß etwas Besseres."

Simmer war auf die Antwort gespannt. „Was denn?"

„Ich werde sowohl den französischen Offizieren, als auch den deutschen Wachmannschaften über Bolouvard berichten. Und wenn ich mir dafür Urlaub nehmen muss."

„Wenn das so leicht wäre. Du weißt doch, dass wir …", Simmer stockte. Urlaub war für die sich zu bewährenden ehemaligen deutschen Fremdenlegionäre nicht vorgesehen.

Staub klopfte dem Gefreiten auf die Schulter. „Der Tag wird kommen, da können wir genauso in Urlaub gehen, wie unsere anderen Kameraden auch. Eine größere Bewährungsprobe, als die hier in Afrika, kann es nicht mehr geben."

Eine große Explosion ließ beide herumfahren. „Das dürfte die Flak gewesen sein", glaubte Simmer und streckte seinen Hals so lang er konnte.

„Oder die dazugehörige Munition."

Obergefreiter Geiger, der Sanitäter, legte Unteroffizier Staub einen Kopfverband an. „Du gehst zum Arzt, Gunther. Die Wunde muss genäht werden. In Kürze geht von der Verwundetensammelstelle ein Transport zum Truppenverbandsplatz. Du solltest mitfahren. Es wäre mir lieber, Simmer würde dich begleiten. Ich habe Angst, dass du mir aus den Stiefeln kippst."

„Er muss den Gefangenen bewachen. Das ist ein brutaler Kerl. Ich kenne ihn aus der Legion."

An der südlichen Frontlinie gelang es den Truppen des *DAK*, bis zum äußeren Verteidigungsgürtel der Alliierten vorzustoßen und diesen einzunehmen. Am Hauptkern der Verteidigungsstellung konnte der massive Angriff jedoch noch einmal abgewiesen werden.

Auch an der nördlichen Front schaffte es die *15. Panzer Division* die ungefähr 2 ½ km nordwestlich von Bir Hakeim gelegene und strategisch so wichtige Höhe 186 zu erobern. Jedoch forderte dieser Sieg einen hohen Blutzoll, da der Feind jedes einzelne Widerstandsnest und jede besetzte Stellung wiederum hartnäckig verteidigte.

Allerdings befanden sich nun die Soldaten der Freien Französischen Streitkräfte in einem Kessel, dessen Schlinge sich immer enger zog. Von drei Seiten schlugen unaufhörlich die Granaten der deutschen Artillerie ein. Hinzu kamen die ständigen Bombardements der Luftwaffe. Für die letzten Verteidiger Bir Hakeims herrschten höllische Umstände. Die Atemluft war vom brennenden Öl beißend. Es stank nach Benzin und Pulverdampf. Sowohl die Munition, als auch die Wasservorräte neigten sich dem Ende zu. Die Lage war katastrophal. Aus diesem Grund erbat der kommandierende General Koenig die britischen Oberbefehlshaber um die Genehmigung eines

Ausbruchs. Diese stimmten zu. In der Nacht vom 10. auf den 11. Juni 1942 brachen rund 2.600 Soldaten aus dem belagerten Bir Hakeim aus.

Gemeinsam mit General Pierre Koenig, führte Prinz Amilakvari, Kommandant der *13. Halbbrigade* der Fremdenlegion, die Soldaten an. Als sie gegen Mitternacht gegen die Stellungen der völlig überraschten Achsenmächte stürmten, herrschte dort großes Durcheinander. Explosionen, sowie Feuergefechte an allen Ecken und Enden sorgten für ausreichend Chaos. In diesem entstandenen Wirrwarr gelang es 2.400 Soldaten den Belagerungsring zu sprengen und sich bis zu den britischen Auffangstellungen in der Wüste durchzuschlagen.

Als Bir Hakeim am Morgen des 11. Juni 1942 von den Landsern des *DAK* eingenommen wurde, fanden sie weitgehend nur Verwundete oder Kranke vor. Trotz des gelungenen Ausbruchs der Alliierten war die Eroberung von Bir Hakeim ein wichtiger Sieg. Die Gazalla-Stellung konnte umgangen und von der schwachen hinteren Seite angegriffen werden. Der Weg nach Tobruk war frei.

Foto: *Bundesarchiv: Signatur: Bild 101I-443-1572-30, Fotograf: Zwilling, Ernst, A. Archivtitel: Nord-Afrika, Libyen, bei Bir Hacheim / Bir Hakeim. Kriegsgefangene alliierte Soldaten; KBK Lw 7, Datiert: 8. Juni 1942*

General Rommel wusste um die Verdienste seines *Regiments 361*, dem Regiment der Fremdenlegionäre, Bescheid. Sie hatten geschafft, was eine italienische Division nicht zustande brachte. Sie eroberten Bir Hakeim.

Eine Woche lang lag Gunther Staub im Feldlazarett. Nachdem er endlich schwindelfrei war, durfte der Münchner zu seiner Gruppe zurückkehren. Der Unteroffizier musste lediglich einen dünnen Kopfverband tragen, der hauptsächlich dafür sorgte, dass keine Fliegen an die genähte Kopfwunde kamen.

„… und schonen Sie sich, Unteroffizier."

„Selbstverständlich, Herr Stabsarzt", verabschiedete sich Staub und verließ das Lazarett. Zufällig traf der Gruppenführer auf Geiger. Der Sanitäter hatte einen Ruhrkranken mittels eines Beutekrankenwagens ins Lazarett gebracht und gleichzeitig neue Medikamente und Verbandsmaterial geladen. „Du kannst mit mir zurückfahren", hatte der Sani vorgeschlagen.

Jetzt war es soweit. Gunther konnte es kaum erwarten, seine Kameraden wieder zu sehen. „Was gibt es Neues?", fragte er, als er neben dem Sanitäter Platz nahm.

Geiger startete den Motor und fuhr an. „Wir bekommen ′ne Ladung *Blauer*. Naja, Rekruten eben. Sie heißen ja nicht mehr *Blaue"*, grinste Geiger. „Diesem Transport muss ich mich anhängen. Das war die Bedingung, dass mich Hauptmann Lindner überhaupt losfahren ließ."

„Hat es in den letzten Tagen noch viele erwischt?"

Geiger nickte. „Leider ja. Deine Kompanie ist vergleichsweise gut weggekommen. Aber das Regiment selbst hat seit seiner Aufstellung bereits ein gutes Drittel an Männern verloren. Ein paar der gefallenen Kameraden wurde schon nachersetzt."

Staub wurde wütend und nachdenklich. Wie so oft, ballte er die rechte Hand zur Faust und schlug sie in die linke flache Hand. „Verdammt noch Mal. Dieses Bewährungsgequatsche und Verheizen der Männer muss aufhören. Das ist eine Frechheit."

„Dahingehend kannst du dich beruhigen. General Rommel steht voll hinter unserem Regiment. Niemand spricht mehr abfällig vom *Regiment der Fremdenlegionäre*. In aller Munde waren unsere Siege und Gewaltmärsche durch die Wüste. Rommel bezeichnet uns als seine

Elitetruppe. Man spricht hochoffiziell nur noch von der bewährten und kampferprobten *90. leichten Afrika-Division.*"

„Und wie steht es mit Urlaub und anderen Dingen, die bei anderen Divisionen ganz normal sind?"

„Wir sind jetzt eine ganz normale Division, falls du das meinst."

Der Unteroffizier lehnte sich zufrieden zurück. Sie hatten es geschafft. Sie waren endlich anerkannte Soldaten der Wehrmacht. Sie galten nicht mehr als Vaterlandsverräter. In diesem Moment verlor der Münchner eine zentnerschwere Last. „Wer führt den Zug?"

Geiger räusperte sich. „Du meinst, seit Leutnant Zunder gefallen ist?"

„Ja."

„Oberfeldwebel Hühnlein."

Staub lachte. „Hühnlein. Der Mann ist mit dem Namen doch fürs Leben gestraft."

„Wenn du ihn siehst, wird dir das Lachen vergehen. Hühnlein ist knapp zwei Meter groß und bringt locker 120 Kilo auf die Waage. Hitzmann könnte sein kleiner Bruder sein. Ich vermute schwer, dass Hühnleins Uniform maßgeschneidert ist. Der Kerl hat Hände, so groß wie Klodeckel und seine Stimme ist so tief wie der Bodensee. Ich kenne keinen, der es auch nur im Entferntesten gewagt hätte, sich über den Namen Hühnlein lustig zu machen."

„Das sind ja auch gute Argumente, die dagegen sprechen", lachte der Unteroffizier.

„Und wie ist er so?"

„Ein alter Barras-Mann. Zwölfender. Hat sich damals in Baumholder freiwillig zu uns versetzen lassen. Hauptmann Lindner kennt ihn von früher und hat ihn schließlich in unsere Kompanie geholt."

„Gab es bei meiner Gruppe auch Ausfälle?"

„Nein. Alle sind immer noch in dem Zustand, in dem du sie zurückgelassen hast. Ach ja …", fügte Geiger hinzu, „… eine Nachricht habe ich noch für dich. Dieser Franzose, den du gefangen genommen hast …"

„Bolouvard", presste Staub hasserfüllt über die Lippen.

„… richtig, so hieß er."

„Hieß?"

„Gleich nachdem du unterwegs zum Lazarett warst, versuchte er zu flüchten und rannte mitten in ein Minenfeld. Es krachte und diesem

Bolouvard wurde ein Bein abgerissen. Er verblutete laut jammernd und winselnd bevor man ihm helfen konnte."

„Es gibt doch noch Gerechtigkeit auf dieser Welt", entgegnete Staub leidenschaftslos.

Zwei Stunden später kamen sie an. Sie lagen zwischenzeitlich vor der El Adem-Box. Dem letzten britischen Stützpunkt der Gazalla-Stellung vor Tobruk.

„Besten Dank", sagte Unteroffizier Staub und reichte Geiger die Hand. Danach suchte er die Schreibstube, besser ausgedrückt Schreib-Zelt, der Kompanie und meldete sich beim Spieß zurück. Anschließend suchte Staub seine Gruppe. Er schritt durch die Reihen der Zelte. Unter seiner Kappe war der weiße Kopfverband deutlich sichtbar. Der Landser sah erste bekannte Gesichter. Hin und wieder grüßte er einen der Kameraden. Dann entdeckte Gunther Staub seine Gruppe. Die Männer hockten im Kreis um eine Feuerstelle. Simmer, Weber, Wolter und zwei junge Gesichter, die Staub zum ersten Mal sah.

Nachersatz, dachte er. *Nur noch drei der alten Kameraden. Und Hitzmann, wenn er wieder ganz genesen ist. Das waren alle, die es bis hierher geschafft haben.*

Ob sie ihn erwarteten? Als er näher kam, sah er, dass die Männer eine Pfanne über das offene Feuer hielten und etwas brieten. Es roch nach Fisch. Neben Simmer lagen ein paar leere Konservendosen.

„Fisch á la Libya", waren die ersten Worte, die der Unteroffizier an seine Gruppe richtete. „Da komme ich ja gerade richtig. So ein paar gebratene Ölsardinen auf Kommissbrot würden mir jetzt auch schmecken."

Simmer und Wolter sprangen auf.

„Gunther", riefen sie freudig.

Weber blieb sitzen. Er hielt die Pfanne. Die beiden Neuen stellen sich zögerlich hin. Sie kannten ihren Gruppenführer noch nicht, wussten aber dessen Namen und dass er sich im Lazarett befand.

„Du siehst aus, wie ein Wüstenscheich", grinste Simmer und streckte seine Hand zur Begrüßung aus. Nach dem Händeschütteln setzte sich Staub zur Gruppe.

„Ist doch klar, dass wir teilen. Letzte Woche haben sie uns mit Ölsardinen geradezu bombardiert."

„Und Rotwein gab es bis zum Abwinken. Ich glaube, die Tommys haben vor lauter Schiss auf ihrem Rückzug vergessen sämtliche Depots zu räumen", mischte sich Weber mit ein.

„Oder zu sprengen", ergänzte Wolter.

„Hast du dich schon beim Spieß zurückgemeldet?"

Staub nickte.

„Oberfeldwebel Hühnlein führt den Zug so lange, bis die Stelle nachbesetzt wird", begann Weber nun zu berichten, „aber mach´ dich bloß nicht über …"

„… den Namen lustig? Ich weiß. Geiger hat mich hergefahren und alles schon erzählt."

„Dann weißt du ja sicher auch, dass Hitzmann vor zwei Tagen ausgeflogen wurde, oder?"

„Davon hat Geiger nichts gesagt."

„Er wird es nicht wissen. Wir haben es auch nur zufällig vom Spieß erfahren. Hitzmann kommt nach Sizilien und wenn er wieder ganz gesund ist, auf Kur. Mindestens vier bis sechs Wochen ist er noch weg."

„Das gönn ich dem alten Haudegen", antwortete Staub und sah die beiden Neuen an.

„Und wie heißt ihr?"

Sofort sprangen beide auf und nahmen Haltung an.

„Soldat Moosleitner", sagte er erste.

„Soldat Wagner", bellte der zweite Neuling fast zeitgleich aus.

„Langsam, Kameraden, langsam. Wir sind hier nicht auf dem Kasernenhof. Ich bin zwar Unteroffizier und euer Gruppenführer, aber an der Front herrschen andere Sitten, als zu Hause. Ich heiße Gunther", klärte er sie auf.

Sichtlich überrascht stellten sie sich mit ihren Vornamen vor und setzten sich wieder hin.

Als die Sardinen knusprig braun gebraten waren, wurde ausgeteilt. Gunther Staub legte zwei kleine Fische auf eine Scheibe Kommissbrot und hielt es unter seine Nase. „Das duftet herrlich."

Nach dem Essen kehrte der Alltag zurück. Unteroffizier Staub stellte sich bei Oberfeldwebel Hühnlein vor. Später musste die Kompanie im Karree antreten. Hauptmann Lindner trat vor die Soldaten und klärte über die aktuelle Situation auf.

„Vor uns liegt die letzte Bastion der Briten. Die El Adem Box, wie sie die Stellung selbst nennen. Wir gehen davon aus, dass der Widerstand genauso heftig wie in Bir Hakeim sein wird. Verteidigt wird die El Adem Box von der *29. indischen Brigade* und vom *englischen Worcester-Regiment*. Es wird also keine leichte Aufgabe werden. Unsere

Regimentsartillerie geht bereits in Stellung und bereitet den Angriff vor. Wir selbst werden heute Nacht mit mehreren Spähtrupps die Lage auskundschaften, um später am größten Schwachpunkt anzugreifen. Abmarsch ist um Mitternacht. Eine Stunde vorher alle Zugführer zwecks Abschlussbesprechung zu mir."

Hauptmann Lindner ging, sein Vertreter Leutnant Kämmerer, stellte sich nach vorn. „Der heutige Dienstplan gestaltet sich wie folgt. Jetzt Waffenreinigen, anschließend Munition und Verpflegungsempfang, dann Nachtruhe. Dreißig Minuten vorm Abmarsch antreten mit komplettem Kampfgepäck."

Während Gunther Staub seine Maschinenpistole ein letztes Mal überprüfte, musste er lächeln.

„Schonen Sie sich", hatte der Arzt gesagt, und jetzt, keine 18 Stunden später, machte er sich für einen nächtlichen Spähtrupp bereit.

Nach dem Antreten mussten die Soldaten noch zehn Minuten auf ihre Zugführer warten. Als diese vor die Mannschaft traten, gaben sie die erhaltenen Befehle an die Gruppenführer weiter. Kartenmaterial wurde abgeglichen und noch einmal durchgesehen, dann ging es los. Zu Fuß marschierten die Spähtrupps aus dem Lager. Vor ihnen lag eine kalte, afrikanische Nacht.

Geiger hatte nicht übertrieben. Hühnlein war ein Riese. Hinter seinem Rücken konnten sich glatt zwei schlanke Männer verstecken. Die Stimme des Oberfeldwebels war unüberhörbar und eine der tiefsten, die Staub jemals gehört hatte. So wie Geiger den neuen Zugführer beschrieben hatte, erwartete der Unteroffizier eine Art Rübezahl mit Vollbart und grimmigem Blick. Die Realität sah anders aus.

So kann man sich täuschen.

Oberfeldwebel Hühnlein hatte eher den Charakter eines gutmütigen Bären und war stets glatt rasiert. Der finstere Blick fehlte auch. Kurz ausgedrückt, der Gruppenführer fand den neuen Zugführer sehr sympathisch.

Die einzelnen Züge hatten sich im Gelände verteilt. Bei jedem Zug befanden sich zugeordnete Nachrichter; dreimännige Funktrupps mit Tornistergeräten, sowie je zwei Pioniere.

Die Soldaten des *Infanterie Regiments 361* waren auf alles gefasst. Zusammentreffen mit feindlichen Spähtrupps, Minenfelder, Stacheldrahtverhaue oder Feuergefechte mit den ersten Vorposten der

El Adem Stellung. Doch entgegen allen Befürchtungen trafen sie auf keine einzige der angenommenen Gefahren. Nach geraumer Zeit ohne Feindkontakt ließ Oberfeldwebel Hühnlein halten. Ohne zusätzliche Worte kamen die Gruppenführer zu ihm.

„Weit und breit Stille. Sind wir richtig gegangen?", fragte Feldwebel Rohrbacher von der dritten Gruppe nach.

Hühnlein und Staub zogen gleichzeitig Kompass und Kartenmaterial heraus.

„Ich bin davon überzeugt", hörte man die sonore Stimme des Zugführers. „Wenn die Karten stimmen, ist es zu den ersten alliierten Vorposten nicht mehr weit."

„Wir sollten zwei oder drei Mann vorausschicken. Sollten wir tatsächlich auf Vorposten treffen, würde das helle Mondlicht geradezu einladen mit einem Maschinengewehr auf uns loszuballern", warnte Unteroffizier Staub.

„Einverstanden."

„Dann würde ich das gleich machen."

Hühnlein nickte dem Gruppenführer zu und signalisierte auf diese Weise sein Einverständnis.

„Simmer, Moosleitner!"

Beide liefen nach vorn.

„Ihr kommt mit mir. Augen auf! Der Engländer sitzt hier irgendwo!"

Etwas abgesetzt vom restlichen Zug bildeten die drei Afrikaner eine kleine Vorhut.

„Hoffentlich sind hier keine Minen", flüsterte Simmer respektvoll.

„Ruhe!", kam Staubs Ermahnung.

Schweigend gingen sie weiter. Etwa eine halbe Stunde später entdeckten sie ein verlassenes Schützenloch. Im hellen Mondlicht erkannten die Soldaten ausgetretene Zigarettenstummel und mehrere leere Konservendosen, die lieblos mit wenig Sand und Erde bedeckt waren. Hühnlein ließ ausschwärmen. Weitere Schützenlöcher und sogar eine MG-Stellung wurden gefunden.

„Wenn das die Vorposten waren, müssten wir demnächst auf größere Befestigungen stoßen."

Der Zug ging weiter. Tatsächlich wurde man wieder fündig. Verlassene Sandsackstellungen, Gräben und Drahtverhaue tauchten auf. Schließlich gelangte der Spähtrupp zu einem verlassenen Bunker. Im Inneren der Befestigung schaltete Oberfeldwebel Hühnlein seine

Taschenlampe an und studierte noch einmal das Kartenmaterial, während sich Unteroffizier Staub umsah.

„Wir befinden uns der Karte nach mitten in der El Adem Stellung. Das lässt nur einen Rückschluss zu, oder täusche ich mich?"

„So, wie ich die Dinge hier deute", antwortete Staub, „sind die Tommys gemeinsam mit ihren indischen Waffenbrüdern abgehauen."

„Und sie haben sogar ihre Verpflegung liegen lassen", sagte Weber und schob sich zwei Dosen Corned Beef in die Tasche.

„Wo sind die Nachrichter?", dröhnte die Bassstimme von Oberfeldwebel Hühnlein.

„Hier draußen vor dem Bunker", sagte ein Obergefreiter und kam herein.

„Ich brauche sofort Kontakt zu Hauptmann Lindner. Wir müssen melden, dass der Feind getürmt ist." Er drehte sich zu Unteroffizier Staub um. „Schwärmt aus und durchsucht alles, aber seid vorsichtig, nicht dass es eine Falle ist!"

Angespannt, die Schusswaffen zum Abfeuern bereit, marschierten die Landser durch das Teilstück der El Adem Stellungen. Der Feind hatte sich tatsächlich zurück gezogen. Das heimliche Absetzen vom Feind hatte allerdings seinen Preis. Restbestände, die nicht mitgenommen werden konnten, wurden nicht zerstört. Die Soldaten des *DAK* stießen auf zurückgelassene Fahrzeuge, Lebensmittel und Benzin.

Unverzüglich wurde das Bataillon alarmiert und in Marsch gesetzt. In den frühen Morgenstunden des 17. Juni 1942 konnte El Adem nahezu kampflos eingenommen werden. In der gleichen Nacht, in der die Spähtrupps des *Infanterie Regiments 361* in die gegnerischen Stützpunkte eindrangen, setzten sich sowohl die Engländer, als auch die Inder ab. Lediglich für 200 alliierte Soldaten kam der Abmarschbefehl zu spät. Sie gerieten nach kurzem Widerstand in Gefangenschaft.

„Sie müssen überstürzt getürmt sein", meldete Gunther Staub seinem Zugführer. „Wir haben hier wichtiges Kartenmaterial gefunden. Hier sind z.B. Minenfelder eingezeichnet. Ich schätze, dass dürfte unsere Führung sehr interessieren."

Hühnleins breites Grinsen war Antwort genug. „Und ich habe eine weitere Überraschung."

„Was denn?"

Der Oberfeldwebel hielt in jeder seiner klobigen Hände zwei Flaschen Whiskey. „Den hier haben sie auch zurück gelassen. Dort hinten ist noch mehr. Holt es euch, bevor die anderen Landser kommen. Wer zuerst kommt, mahlt zuerst. Ob und wie ihr teilen wollt, dürft ihr selbst entscheiden."

So wurde der Einsatz nicht nur als militärischer Erfolg angesehen, sondern erfreute die Männer auch versorgungstechnisch. Am Abend durfte gefeiert werden. Wieder einmal saßen die ehemaligen Fremdenlegionäre zusammen und sagen ihre Lieder. Deutsche Lieder.

„Männer, eine Sache ist anders, als bei unserer letzten Feier!"

„Was denn?"

„Wir feiern diesmal als voll anerkannte reguläre Truppe."

„Wir wäre es mit Heia Safari?"

„Stimm an, wir singen alle mit!"

Generalfeldmarschall Erwin Rommel lobte während des Afrika-Feldzuges noch mehrmals die Leistung der *90. leichten Afrika Division* und ihrem *Regiment 361*.

Die Division war an der Eroberung Tobruks beteiligt, kämpfte bei El Alamein und deckte den gesamten Rückzug bis Tunesien ab. Mit der Kapitulation des Deutschen Afrika Korps, ging auch die *90. leichte Afrika Division* unter. Und mit dieser auch das beinah legendäre *Regiment der Fremdenlegionäre 361*.

Obwohl man das *361er* aufgrund der immer wieder erlittenen hohen Verluste im Kampf nach und nach mit jungen Rekruten, die nicht in der französischen Fremdenlegion gedient hatten, auffüllte, wurde es seinen Ruf nicht mehr los. Es blieb bis zur Vernichtung das *Regiment der Legionäre*.

Im Sommer 1943 stellte man auf Sardinien die neue *90. Panzer Grenadier Division* und zu Ehren des alten *Regiments 361* ein neues *Regiment 361* auf.

Rückgrat waren hier wieder die Afrika Veteranen, die aus verschiedensten Gründen dem Kessel in Afrika entkamen. In Italien, u.a. bei den Abwehrschlachten an der Gustav-Linie, bewiesen die letzten Legionäre erneut ihre anfänglich angezweifelte Loyalität zum deutschen Vaterland.

Ende

Glossar zum Roman:

FFL	Abk. für: Forces françaises libres (*dt. Freie Französische Streitkräfte, kurz FFL oder France libre*) waren französische Truppen, die im Zweiten Weltkrieg nach der Niederlage Frankreichs (Juni 1940) unter dem an der Seite der Alliierten weiter gegen das Deutsche Reich, bzw. den Achsenmächten und auch dem Vichy-Regime kämpften. Gründer war General Charles de Gaulle
DAK	Abk. für: Deutsches Afrika Korps
MP 40 *auch „Schmeisser" genannt, da der Name des Waffen-Konstrukteurs auf den Magazinen angebracht war.*	Maschinenpistole 40, Nachfolger der MP 38, Standardmaschinenpistole der deutschen Wehrmacht und Waffen-SS, Stangenmagazin, 32 Schuss, 9 mm Parabellum
Papirossa (auch Papirossy)	russische Zigarettenart, bei deren Herstellung ein längeres Pappmundstück geformt und nur der äußere Teil des Röhrchens mit starkem, kurzfaserigem Presstabak (Machorka) gefüllt wird. Vor dem Rauchen knickt man das Pappröhrchen zweimal ein, so dass eine Luftkammer entsteht, die den Tabakrauch abkühlt. Am bekanntesten sind die Marken: „Belomorkanal" und „Herzegowina Flor". Letztere war übrigens Stalins Lieblingsmarke

MG 42 *Spitzname beim Feind: „Hitlersäge"*	universal Maschinengewehr Modell 42, (auch Einführungsjahr in der Wehrmacht/Waffen-SS), sehr effektive Waffe, Kaliber 7,92 x 57 mm
Lee-Enfield Rifle	britisches Repetier-Gewehr, Standardwaffe der britischen Armee, Kaliber .303 Britisch (7,7 x 56 mm), Magazinfüllung 10 Patronen mit Ladestreifen. Dieser ermöglichte eine schnelle Schussfolge von 20 - 30 Schuss pro Minute.
Degtjarow DP 1928	sowjetisches Maschinengewehr Kaliber 7,62 x 54 mm, auffällig durch Tellermagazin (Füllung: 47 Patronen)
PPSch 41	russische Maschinenpistole, (Einführungsjahr in der Roten Armee 12/1940) sehr zuverlässig, Kaliber 7,62 x 25 TT, Trommelmagazin (71 Patronen) und Kurvenmagazin (35 Patronen)
Ofenrohr	Raketenpanzerbüchse 54 (nähere Info siehe Waffenvorstellung)
OKW	Oberkommando der Wehrmacht
Mosin Nagant	russisches Repetiergewehr, Kaliber 7,62 x 54 R, Magazinfüllung 5 Patronen mit Ladestreifen, das Gewehr gab es auch in einer Version für Scharfschützen, Standardgewehr der Roten Armee
K 98	Mauser Modell 98, deutsches Repetiergewehr, Kaliber 7,92 x 57 mm, 8 x 57 IS, Magazinfüllung 5 Patronen mit Ladestreifen, das

	Gewehr gab es auch in einer Version für Scharfschützen, Standardwaffe der Wehrmacht und Waffen-SS
Scho-ka-Cola	Koffeinhaltige, runde Schokolade, die in einer Blechdose verpackt war
Sanka	Abk. für Sanitäts-Kraftwagen
Geballte Ladung	vorgefertigtes Sprengmittel in Quaderform, Maße: 7,6 x 16,4 x 19,5 cm, Gewicht mit Tragering: 3 kg Sprengstoff
z.b.V.	militärische Abkürzung für: zur besonderen Verwendung

Aus dem allgemeinen Landser-Jargon:

Acht-Acht	deutsche Flugabwehrkanone (FlaK), Kaliber 88 mm, die auch für Bodenziele eingesetzt werden konnte
Alter	Spitzname für: Vorgesetzter (meist Kompanie-, Bataillons-, oder Divisionsführer)
Akja	Wannenschlitten (nordisches Wintertransportmittel)
Barras	Barras wird in der Soldatensprache *das Militär* bezeichnet. Zum Barras müssen, heißt, eingezogen zu werden (Wehrpflicht). Das Wort geht vermutlich auf den französischen Staatsmann *Vicomte de Barras (1755-1829)* zurück. Er war einer der Verantwortlichen, als Frankreich die Wehrpflicht

106

	einführte. Der Begriff ist vor allem im Süddeutschen Raum und in Österreich gebräuchlich. Aus diesen Landstrichen stammten etliche Soldaten aus Napoleons *Grande Armée* während dessen Russlandfeldzuges.
Beutegermane	saloppe Bezeichnung der Volksdeutschen = (Menschen deutscher Herkunft mit nicht-deutscher Staatsangehörigkeit)
Donnerbalken	Latrine / Feldtoilette
Gefrierfleischorden	Ost-Medaille
Gulaschkanone	Feldküche
„Halsschmerzen"	jemand möchte eine Auszeichnung erhalten (Ritterkreuz, Eisernes Kreuz u.a.)
Hindenburglicht (benannt nach Paul von Hindenburg)	Mit Fett oder Talg gefüllte kleine Schale, in die ein Docht gesteckt wurde. Es diente als Notbeleuchtung. Moderner Nachfolger ist das Teelicht.
Hitlersäge	MG 42 = leistungsstarkes deutsches Maschinengewehr
Hundemarke	Erkennungsmarke (üblicherweise um den Hals getragen)
Rollbahn	wichtige Straße/Nachschubweg z.B. zur Truppenversorgung, aber auch zum schnellen Vormarsch
Intelligenzstreifen	Biesen an den Hosen von Generalstabsangehörigen
Iwan	Spitzname für Rotarmisten (russische Soldaten)
Kettenhund	Feldgendarm, erkennbar an seinem umgehängten Blechschild
Knobelbecher	genagelter Soldatenschaftstiefel
Koffer	schwere Granate
Kübel o. Kübelwagen	Leichter, geländegängiger Militär-

	Pkw (Volkswagen)
Küchenbulle	Koch
Landser	ugs. Bezeichnung des deutschen Soldaten (Landsknecht = zu Fuß kämpfender Söldner 15./16. Jh.)
Lametta	Orden/ferner auch Rangabzeichen
Latrinenparole	Gerücht
Napola	Nationalpolitische Lehranstalt = Internatsoberschule die zur Hochschulreife führte / Eliteschule zur Heranbildung von nationalsozialistischen Nachwuchsführungskräften
Spieß	Kompaniefeldwebel
Stalinorgel	sowjetischer Raketenwerfer (Eigenname in der Roten Armee: „Katjuscha")
Strippenzieher	Nachrichtensoldat
S-Mine	Abk. für Schrapnell-Mine, Splitter-Mine oder Spring-Mine. Nach Auslösung durch Tritt oder Stolperdraht, wird der Minenkörper in etwa auf Hüft- bis Schulterhöhe hochgeschleudert und explodiert mit Splitterwirkung. Diese Waffe war so effektiv, dass sie bis heute viele Nachahmer fand.
Tommy	Spitzname für britische Soldaten
Tante Ju	Kosename für die Junkers Ju 52, ein Flugzeugtyp der Junkers Flugzeugwerk AG, Dessau, erfolgreichstes Modell war die dreimotorige Ausführung Junkers Ju 52/3m aus dem Jahr 1932, die aus dem einmotorigen Modell Ju 52/1m hervorging
Zwölfender	Berufssoldat (Dienstzeit betrug mind. 12 Jahre)

Waffenvorstellung in Stichpunkten

8,8-cm-FlaK 18/36/37

ugs. im Landser-Jargon als „Acht-Acht", bezeichnet

Foto: *Bundesarchiv, Signatur: Bild 101I-443-1599-20, Fotograf: Zwilling, Ernst, A.*
Archivtitel: Nordafrika, bei Bir Hacheim.- Feuerndes 8,8 cm Flakgeschütz. Im
Hintergrund Generaloberst Rommels Schützenpanzer Sd.Kfz. 250 "Greif"; KBK
Lw.7, Datiert: Juni 1942

Die in Deutschland hergestellte *8,8-cm-FlaK 18/36/37*, ugs. bekannt als:
„Acht-Acht" war eine im Zweiten Weltkrieg verwendete
Flugabwehrkanone, die auch häufig gegen Bodenziele zum Einsatz
kam.

Das Geschütz wurde an allen Fronten eingesetzt, wobei eine Batterie
i.d.R. aus vier Kanonen bestand.

Obwohl die *Acht-Acht* das Bollwerk der Flugabwehr an der Heimatfront war, erwarb das Geschütz seinen legendären Ruf weniger als Flugabwehrkanone, sondern vor allem durch den Einsatz im Erdkampf; und hier speziell bei der Panzerbekämpfung.

Der Vorteil des Geschützes lag darin, dass die schwere Flugabwehrkanone auch über die Horizontale ausgerichtet, und somit direkt gegen Erdziele eingesetzt werden konnte.

Das Geschütz war in der Lage, auf eine Entfernung bis zu 2.000 Metern die starken Panzerungen der britischen *Matilda II*, sowie der sowjetischen *T 34* und *KW 1* Panzer zu durchschlagen.

Eine eingespielte Bedienmannschaft war in der Lage durchschnittlich zwischen 15 und 20 Schuss pro Minute abzufeuern. Die schnelle Schussfolge wurde dadurch ermöglicht, dass die verschossenen Hülsen automatisch ausgeworfen wurden.

Die erste Version des Geschützes, die *FlaK 18*, besaß ein einteiliges Rohr, einen oberhalb des Rohres angeordneten hydropneumatischen Rohrrücklauf und eine kreuzförmige Lafette, welche einen Schwenkbereich von 360° ermöglichte.

Der Transport erfolgte, indem man die beiden seitlichen Arme des Kreuzes einklappte und jedes der beiden Lafette-Enden auf einen einachsigen Anhänger setzte. Diese bildeten den *Sonderanhänger 201*. Das Rohr zeigte in Fahrtrichtung.

Aufgrund der starken Belastung des hinteren Rohres (verursacht durch die Zündungen der Treibladungen) erhielt das neue Modell *FlaK 36* ein dreiteiliges Rohr. Das ermöglichte das Auswechseln des verschlissenen Geschützteils, ohne das gesamte Rohr tauschen zu müssen. Beim Modell *FlaK 37* wurde lediglich die Zieldatenübertragung zur Waffe verbessert.

Modifikationen zur Standardlafette:

- Kanone des Panzerkampfwagen VI „Tiger"

- Kanone des Panzerkampfwagens IV

- Kanone auf So.Kfz 8, ZugKw 12 t (Selbstfahrlafette der Panzerjäger – 1940 bis 1943)

- Kanone auf So.Kfz 9, ZugKw 18 t

- Kanone auf VOMAG-Lkw

Technische Daten der 8,8-cm-FlaK:

Breite	2,305 Meter
Länge	7,620 Meter
Höhe	2,418 Meter
Gewicht (Transport) mit Sonderanhänger und Schutzschild	ca. 7400 kg
Gewicht abgeprotzt	ca. 5100 kg
Rohrlänge	4,930 Meter
Rohrerhöhung	-3° bis +85°
Schwenkbereich	360°
Kaliber	88 mm
Mündungsgeschwindigkeit	je nach Granate 790 m/s bis 820 m/s
Schussweite als FlaK	bis zu 10.000 Meter Flughöhe
Schussweite als Feldgeschütz	ca. 15.000 Meter
Besatzung	7 bis 10 Mann
Geschossmasse	9,2 kg bis 10,2 kg (je nach Granaten-Typ)
durchschnittliche Feuergeschwindigkeit	15 Granaten / min.

Bildtafel

Foto: *Bundesarchiv: Signatur: Bild 101I-443-1599-20, Fotograf: Zwilling, Ernst, A.*
Archivtitel: Nordafrika, bei Bir Hacheim.- Feuerndes 8,8 cm Flakgeschütz. Im
Hintergrund Generaloberst Rommels Schützenpanzer Sd.Kfz. 250 "Greif";
KBK Lw.7, Datiert: Juni 1942

Foto: Privatarchiv des Autors, PA-DAK-0076-marschierende Soldaten DAK

Foto: Privatarchiv des Autors, PA-DAK-0069-Derna-Hafen-1941

Foto: Privatarchiv des Autors, PA-DAK-0075- Afrika - Zeltaufbau

Foto: Privatarchiv des Autors, PA-DAK-0071-Ju 52 - Afrika

Foto: Privatarchiv des Autors, PA-DAK-0079- ferner Granateneinschlag

Foto: Privatarchiv des Autors, PA-DAK-0077- Depot in der Wüste

Foto: Privatarchiv des Autors, PA-DAK-0068- Zeltlager in Afrika-1942

Foto: *Bundesarchiv: Signatur: Bild 101I-443-1572-30, Fotograf: Zwilling, Ernst, A.*
Archivtitel: Nord-Afrika, Libyen, bei Bir Hacheim / Bir Hakeim.
Kriegsgefangene alliierte Soldaten; KBK Lw 7, Datiert: 8. Juni 1942

in der gleichen Reihe bereits erschienen:

Landser in den Trümmern von Budapest - *Information, Originalfotos und ein packender Roman, Books on Demand, ISBN: 978-3-7322-6699-9, Januar 2014, 128 S.* - € 8,90, *Wolfgang Wallenda*

Scharfschützeneinsatz in Woronesch - *Information, Originalfotos und ein packender Roman, Books on Demand, ISBN: 978-3-735-75629-9, Juli 2014, 120 S., € 8,90, Wolfgang Wallenda*

Spezialeinheit am Feind - *Information, Originalfotos und ein packender Roman, Books on Demand, ISBN: 978-3735777454, August 2014, 124 S., € 8,90, Wolfgang Wallenda*

weitere Bücher von Wolfgang Wallenda:

Biographie (halbauthentische Erzählung):

Die Frontsoldaten von Monte Cassino, *Erstauflage 1999, z. Zt. 5. Auflage, Triga Verlag, 540 S. € 29,80. Dieser halbauthentische Roman erzählt die Geschichte des 1939 zwangsrekrutierten Mathias Wallenda, der sich an den Fronten in Frankreich, dem Balkan, in Afrika und letztendlich in Italien bei Monte Cassino bewährte und dort Held wider Willen wurde.*

Krimikomödien:
(veröffentlicht unter W. T. Wallenda)

Schneespuren gibt es nicht, *Oktober 2013, Himmelstürmer Verlag, 283 S. - € 15,90. In dieser wirklich außergewöhnlich witzig-warmherzigen Kriminalkomödie schlittert ein homosexuelles Paar in das Abenteuer seines Lebens.*

Soko: weiß-blau-rosa und der Wessobrunner Hexenfluch, *Februar 2014, Himmelstürmer Verlag, 241 S. - € 15,90. Dieses Buch ist ein „etwas anderer" Oberbayernkrimi – fesselnde Spannung und dennoch äußerst humorvoll.*

Soko: weiß-blau-rosa: Fränkisches Blut, *Juli 2014, Himmelstürmer Verlag, 240 S. € 16,50. Dieser Roman ist ein außergewöhnlicher Heimatkrimi mit gekonnter Mixtur aus Hochspannung und Humor.*

Kinderbücher:

Die Traumpiraten, *Dezember 2011, Zwiebelzwerg Verlag, 46 S., € 8,50. Ein phantasievolles Märchen für Kinder bis ca. 8 Jahren, farbig illustriert von der Künstlerin Heike Laufenburg*

Einbrecherjagd in den Ferien, *Januar 2012, Zwiebelzwerg Verlag, 64 S. - € 8,50. Ein spannender Kinderkrimi für kleine Detektive bis ca. 10 Jahren, schwarz-weiß illustriert von der Künstlerin Heike Laufenburg*

Quellen- und Literaturverzeichnis, Buchtipps:

Der Romanteil ist eine überarbeitete Version der Erstauflage „Im Regiment der Fremdenlegionäre", aus der Reihe: Der Landser, Pabel-Moewig Verlag Rastatt, Heft Nr. 2659

Kriegstagebuch des Oberkommandos der Wehrmacht (Wehrmachtsführungsstab) 1940-1945 (1961 – 1965) Sonderausgabe, Berdard & Graefe Verlag, Bonn, Hrsg. Prof. Dr. Percy Ernst Schramm, erläutert von Prof. Dr.Andreas Hillgruber, Prof. Dr. Walther Hubatsch, Prof. Dr. Hans-Adolf Jacobsen und Prof. Dr. Percy Ernst Schramm, ISBN 3-7637-5933-6

Chronik des Zweiten Weltkriegs – Kalendarium militärischer und politischer Ereignisse 1939 - 1945 Andreas Hillgruber/Gerhard Hümmelchen, Sonderausgabe für den Gondrom Verlag, Bindlach 1989, ISBN 3-8112-0642-7

Bundesarchiv Bilddatenbank, Potsdamer Straße 1, 56075 Koblenz,

Infanteriewaffen Gestern (1918-1945) Band 1 Reiner Lidschun, Günter Wollert, Brandenburgisches Verlagshaus, 3. Auflage 1998, ISBN 3-89488-036-8

Infanteriewaffen Gestern (1918-1945) Band 2 Reiner Lidschun, Günter Wollert, Brandenburgisches Verlagshaus, 3. Auflage, 1998, ISBN 3-89488-036-8

Deutsche Uniformen 1939 – 1945, Motorbuch Verlag Stuttgart, 4. Auflage 2004, ISBN: 3-613-01869-1, Jean de Lagarde

Das Handbuch der deutschen Infanterie 1939 – 1945, Edition Dörfler im Nebel Verlag GmbH, Eggolsheim, ISBN: 3-89555-041-8, Alex Buchner

Der Krieg in der Wüste, Bechtermünz Verlag GmbH Eltville am Rhein, 1982, ISBN: 3-86047-075-2, Richard Collier (u.d. Redaktion der Time-Life-Bücher)

Deutsche in der Fremdenlegion 1870 – 1965 Myhten und Realitäten, Verlag Ferdinand Schöningh GmbH, Paderborn, 2006, 5. gelesene Auflage, ISBN: 978-3-506-75718-0, Eckard Michels

Nachts wenn der Sand singt – Soldaten in der Wüste, Eigenverlag Hans R. Meyer – Heusenstamm, 1999, ISBN: ohne, Mit-Autor und Hrsg: Hans R. Meyer,

Der Tod im Reisfeld - Dreißig Jahre Krieg in Indochina, Heyne Sachbuch, Nr. 19/44, 1992, Wilhelm Heyne Verlag München, 8. Auflage, 4. Auflage dieser Ausgabe, ISBN: 3-453-03398-1, Peter Scholl-Latour

sowie

überlieferte Erinnerungen und Aufzeichnungen von Veteranen und Zeitzeugen (schriftlich o. im persönlichen Gespräch mit dem Autor) und eigene Kenntnisse des Autors